우리는 모두 집을 떠난다

우리는 모두 집을 떠난다

— 한국에서 이주자로 살아가기

김현미 지음

2014년 2월 10일 초판 1쇄 발행
2024년 5월 3일 초판 8쇄 발행

펴낸이 한철희 | 펴낸곳 돌베개 | 등록 1979년 8월 25일 제406-2003-000018호
주소 (10881) 경기도 파주시 회동길 77-20 (문발동)
전화 (031) 955-5020 | 팩스 (031) 955-5050
홈페이지 www.dolbegae.co.kr | 전자우편 book@dolbegae.co.kr
블로그 blog.naver.com/imdol79 | 트위터 @Dolbegae79 | 트위터 /dolbegae

편집 김진구
표지디자인 강영훈 | 본문디자인 이연경·강영훈·이은정
마케팅 심찬식·고운성·조원형 | 제작·관리 윤국중·이수민
인쇄·제본 영신사

ISBN 978-89-7199-591-4 (03330)
이 도서의 국립중앙도서관 출판시도서목록(CIP)은 e-CIP 홈페이지
(http://www.nl.go.kr/ecip)에서 이용하실 수 있습니다.(CIP제어번호: CIP2014002966)

우리는 모두 집을 떠난다

한국에서 이주자로 살아가기

김현미 지음

돌베
개

집 떠난 자들의 이야기를 듣는다는 것

사람을 이해하는 노력 없이 행해지는 일들은 늘 갈등을 낳고, 그 갈등은 쉽게 해결되지 않아 결국 적대적 대립으로 끝나곤 한다. 사람을 이해한다는 것은 언어를 통해서 즉각적으로 이루어질 수 없고, 오랫동안 함께하는 시간을 필요로 한다. 이해는 합의에 도달하는 것이 아니다. 같은 상황이라도 다양한 관점, 경험, 해석이 가능함을 인정하고 이것이 표현될 수 있는 장을 구성함으로써 도달할 수 있는 것이다.

이주자 연구는 한국인의 '상식'이나 '관습'에 의해 살아온 내가 다른 상식과 관습을 가진 사람들을 만나고 '이해의 장'을 만들어가는 과정이었다. 이주자를 처음 만나 인터뷰를 했던 2003년 가을을 잊을 수 없다. 이들은 러시아에서 온 젊은 여성들이었는데, 클럽에서 춤을 추기로 하고 이주한 '엔터테이너'였다. 그들은 한국에 오자마자 경기도 일대의 기지촌과 전국의 나이트클럽 등에 배치되어, 성적 서비스와 '2차'로 불리는 성매매를 강요당했다. 이런 강압적 요구에 저항할 수조차 없는 여성들이 무시무시한 감시망을 뚫고 숙소를 탈출하여 당시 한 종교단체가 운영하는 '쉼터'에 머무르고 있었다. 상당히 쌀쌀한 날씨였는데도 늘 앞가슴이 보일 정도로 파인 옷을 입고 있는 젊은 여성들은 소란스럽게 이야기를 했다. 체격도 좋은 이들은 안전을 이유로 밤 외출을 규제한 쉼터 대표에게 불만이 많았다. 6개월에서 1년여 동안 유흥업소 밖을 마음대로 나가지 못하고, 입에 맞지 않는 한국 음식을 강요당하고, 휴대전화를 소유할 수 없었던 생활에 비해 쉼터의 환경은 매우 자유로웠다. 그런데도 자신을 도와주는 헌신적인 종교인들에게 '자유'가 없다고 볼멘소리를 하는 것이 좀 과하다 싶었다. 전형적인 '여성 피해자'와는 다른 행동을 하는 러시아 여성들과의 첫 만남은 '러시아 여성은 역시 세다'라는 편견을 확인하는 것으로 일단락되었다.

하지만 여덟 명의 러시아 여성을 인터뷰하고 쉼터를 들락거리면서 점점 나의 생각은 변하고 있었다. 여성들이 가슴골이 파인 옷을 입는 것은 그런 옷 이외에 가진 옷이 별로 없기 때문이었다. 또 어릴 적부터 러시아의 추위에 익숙해지기 위해 파인 옷을 자주 입는다는 사실도 알게 되었다. 무엇보다 과하다 싶을 정도로 불평불만을 토로했던 것은 그동안 한국 사람들에게 너무 많이 피해를 입어 분노한 상태에서 자존감을 회복하는 한 방법으로 다른 한국인에게 그녀들이 원하는 바를 한번 표현하고 요구해보고 싶었기 때문이었다. 내가 조심스럽게 묻지 않았다면 들을 수 없는 대답이었겠지만, 이들은 매우 솔직하고 담대하게 많은 이야기를 들려주었다. 하바롭스크의 초등학교 교사이자 싱글맘이었던 알라 씨는 교사 월급이 계속 체불되어 아이를 키우기가 힘들어, '몸치'이지만 스포츠 댄스를 단기간에 배워 한국으로 이주했다. 아이의 미래를 책임질 줄 아는 엄마가 되고자 하는 노력이 어째서 이런 고통스러운 상황까지 오게 했는지 알 수 없다고 말했다. 한국에서도 월급을 제대로 받지 못한 그녀는 몸과 마음이 많이 지쳐 있었다. 돈을 벌지도 못하고, 체면도 손상을 입고, 무엇보다 상흔만을 안고 고향으로 돌아가 아이를 만나야 할 현실로 매우 슬퍼했다.

　현재의 한국의 이주 또는 이주자 문제는 내가 처음 러시아 여성들과 조우한 상황과 크게 다르지 않다. 이주자가 당연한 권리를 주장하면 '괘씸하게' 여기는 한편, 이주자가 '불쌍한 존재'처럼 보이면 안심하고 선의를 발동시킨다. 권위적인 선주민과 어쩔 줄 모르는 이주자의 위계를 당연한 것으로 받아들인다. 선주민은 베푸는 자로서의 시혜 또는 이주자와의 동거에 대한 불편함을 강조하며 기분 내키는 대로 말하고 행동할 수 있다. 하지만 '객'으로 온 이주자는 이주지에서 받아들여질지, 자신들을 좋아할지, 어떤 대우를 감수해야 할지 등에 대한 복잡한 생각으로 고향을 떠날 때보다 더 불안해한다. 시간이 지나 선주민의 언어와 관습들에 익숙해지고 그에 따라 '적절히' 행동하면, '적응'을 잘 한 이주자로 평가받는다. 하지만 이런 상황은 상호 인정과 협상이 이루어지는 '중간 지대'가 아니라, 이주자들이 자신의 언어, 정서, 가치관 등을 의식 저편에 묻어둔 채 얻어낸 불공정한 타협의 결과이다. 따라서 이주자는 유동적이고 불안한 현실을 '자기 선택에 대한 책임과 인내'로 받아들일 수밖에 없다.

　한국에 사는 이주자 또한 본국에서 좋은 학벌로 남부럽지 않은 직장을 다니고 '신분'에 대한 자부심을 가졌거나, 외모와 화술 덕분에 인기를 누렸거나, 자기 지역에 와 있는 외국인 이주자를 멸시의 눈으로 바라본 사람일 수 있다. 그러다가 이주자가 되어보고 나서, 자신의 복잡한 삶의 노정이 어떻게 한순간에 탈각되면서 주변자가 되는지 깨닫는다. '외국인 노동자', '다문화 가족', '불법 체류자' 등 한국 사회가 이미 구성해온 범주 속에서 이주자 각각의 개별성은 삭제되고, 이들은 '평균적 이주자'로 살아간다. '평균적 이주자'란 한국인의 의식 속에 '못사는 나라에서 온 외국인'이라는 단일한 범주로 상상되는 사람이다. 속물적 물신주의(자본주의)에 포박된 주체로 돈과 외모를 인간됨의 기준으로 삼는 데 익숙해진 한국인에게 외국인 이주자는 '주변적 존재' 그 이상 또는 그 이하도 아니다. 그러나 주변적 지위에 있어봄으로써 주류에 속한 사람이 보지 못하고 느끼지 못하는 것을 아는 통찰력을 갖게 된다. 미세한 일상부터 구조적 문제까지 한국인이 보지 못한 생활세계를 언어화할 수 있는 사람이 바로 이주자인 것이다.

이 책은 한국을 좀 더 민주적인 사회로 만들기 위해서는 이주자의 언어를 경청할 수 있어야 한다는 점을 강조하려고 했다. 경청의 수혜자는 이주자뿐 아니라 한국인이 될 것이다. 이주자는 갈 곳과 할 일을 상상하고 오래 고민해서 이주를 결정하지만, 국경을 넘자마자 예측할 수 없는 상황과 대면한다. 내가 이주자 문제를 연구하게 된 계기 또한 '집 떠난 자들'이 이주하고, 정주하고, 귀환하는 전 과정에서 기본적인 안전과 인권을 보장받아야 한다는 믿음 때문이었다. 한국 사회는 그동안 글로벌 사회로 도약한다는 축제 분위기에 들떠 우리가 애써 지키고자 했던 섬세한 민주주의의 결들이 맹목적인 '우리' 의식으로 쉽게 환원되어 일그러지는 것을 보지 못했다. 지난 10년간 내가 이주자를 만나면서 한국이라는 울타리로서의 '우리'라는 범주에서 많이 벗어난 것처럼 이 책을 읽는 분들 역시 직간접적으로 그런 경험을 하기를 희망한다.

응당 가장 먼저 감사드리고 싶은 분들은 자신의 집과 쉼터, 일터로 불러주시고 '흔쾌히'(사실 확신하기는 어렵다) 인터뷰에 응해주신 이주자분들이다. 통역자를 구하지 못해 한국어로 인터뷰하는 바람에 이분들을 답답하게 한 적이 많다. 연구자의 윤리 때문에 익명으로만 소개할 수밖에 없었던 이분들은 내가 아는 어떤 사람보다 섬세하고 현명하며 유머가 있었다. 이들의 한국인 동료와 배우자, 그리고 한국염, 강혜숙, 김민정, 김성미경, 안순화, 이보은, 이영, 이영화, 이인경, 이지연, 이호택, 정귀순, 허오영숙 선생님 등 이주 지원 단체 활동가 선생님들께도 감사드린다. 신세를 많이 졌다. 무엇보다 대상이 아닌 함께 살아가는 또 다른 주체로서 이주자와 생활해오신 활동가분들의 이야기는 늘 고무적이다.

지난 10년간 이주자의 경험세계에 진입하고 이들을 이해하는 과정에 참여하기까지 많은 분들의 물질적·비물질적 지원이 있었다(몇몇 연구의 경우 연구자가 중복되지만 모두 그대로 기재했다). 〈글로벌라이제이션과 이주의 '여성화': 한국 사례 분석〉(학술진흥재단, 2004), 〈중국 조선족의 영국 이주 경험〉(LG연암문화재단 해외연구교수 지원, 2005), 〈결혼국가: 현대 한국 사회의 '국제결혼'과 결혼에 대한 의미 변화〉(태평양학술문화재단, 2008), 〈'재생산적 전환' 과정 속의 한국 여성 이주자의 일상성 연구〉(한국연구재단, 2010~2012)는 단독으로 수행된 경우다. 이 자리를 빌려 후원기관에 감사의 인사를 드린다. 연구책임자로 수행한 연구의 경우 〈고용허가제 시행 이후 몽골과 베트남의 이주 및 국제결혼 과정에 나타난 인권 침해 실태조사〉(국가인권위원회, 2007)의 공동연구자 김기돈·김민정·김정선·김철효·박용원 선생님, 〈생활세계의 다문화 교육프로그램 사례연구 및 적용방안〉(한국여성정책연구원, 2008)의 김영옥·김민정 선생님, 〈한국 체류 난민 등의 실태조사 및 사회적 처우 개선을 위한 정책방안〉(법무부 출입국 외국인정책본부, 2010)의 이호택·최원근·박준규 선생님, 〈한국 거주 난민아동 생활실태 조사 및 지원방안 연구〉(세이브더칠드런, 2013)의 이호택·이혜진·신정희·이연주 선생님, 〈글로벌 가구의 관점으로 본 '날자' 프로젝트의 의의: 한국-베트남 국제결혼 가족을 중심으로〉(한국여성재단, 2012)의 김영옥 선생님께 감사드린다. 그리고 공동연구원으로 참여한 〈외국여성 성매매 실태조사〉(여성가족부, 2003)의 설동훈·한건수·고현웅·셀리 이아 선생님, 〈국제결혼 이주 여성 실태조사 및 보건, 복지 지원방안 연구〉(보건복지부, 2005)의 설동훈·김윤태·윤홍식·이혜경·임경택·정기선·주영수·한건수 선생님, 〈국제결혼 중개 시스템: 베트남·필리핀 현지 실태조사〉(빈부격차·차별시정위원회, 2005)의 고현웅·소라미·김정선·김재원 선생님, 〈방문취업제에 대한 실태조사 및 동포 만족도 조사〉(법무부/노동부, 2008)의 이진영·이혜경 선생님께 감사드린다. 2005년부터 회원으로 참여해온 이주여성인권포럼 선생님들의 지혜와 경험이 큰 도움이 되었다. 현장과 지식이 유리되지 않는다는 교육관을 공유해온 연세대 문화인류학과 조한혜정·조문영 교수님, 문화학과 나임윤경 교수님께도 감사의 말씀 드린다. 지난 3년간 경기도와 충청도를 종횡하며 연구를 보조해준 연세대 문화학과 박사과정 류유선 씨께도 감사드린다. 집필의 마무리가 늦어져 돌베개 편집부 김진구 씨의 애를 태웠다. 여성학자 김고연주 선생님은 원고를 일독하고 다듬어주었다. 두 분께 깊이 감사드린다. 사진을 기부해준 성유숙 작가님께도 감사드린다. 끝으로 한결같이 사랑과 지원을 아끼지 않는 어머니와 가족에게 고마운 마음을 전한다.

2014년 1월 24일
김현미

차례

1부

이주의 현실과 배경

일러두기

책에 등장하는 이주자와 한국인은 필자가 지난 10년간 연구를 수행하면서, 알음알음 소개를 받거나 다양한 행사 또는 현장에서 만나 인터뷰한 사람들이다. 이들의 이름은 사생활 보호를 위해 가명으로 처리했으며, 실명일 경우에는 따로 밝혔다. 미성년자의 경우 사전에 부모의 동의를 받아 인터뷰했다.

이주는 왜 일어나는가, 이주자는 누구인가

이주자의 나라, 한국

시리아 출신의 야스민 씨는 한국에 온 지 7년이 되어간다. 20대 초반에 아는 '마스터'를 따라 한국에 온 그는 이후 보따리 무역, 식당일, 자동차 부품일 등을 하며 줄곧 한국에서 살았다. 그는 3개월에 한 번은 가까운 국가로 출국한 후 다시 관광비자를 받아 재입국해야 하는 단기 체류자로서, 마스터 밑에서 온갖 허드렛일을 하다가 마침내 도제생활을 마치고 독립했다. 장기 체류 자격을 획득하기 위해 최근 개인사업을 시작한 것이다. 이제 1년마다 체류 자격을 갱신할 수 있게 되었다. 영구 이민을 허용하지 않는 한국의 정책에 따라 야스민 씨가 한국에 영구적으로 정주하는 것은 불가능한 일이지만, 부모의 소개로 만난 본국 여성과 결혼해서 한국에서 가정을 꾸릴 계획이다.

유엔은 야스민 씨처럼 그 나라에서 태어나지는 않았지만, 12개월 이상 특정 국가에 체류하는 사람을 '이주자'migrant로 분류한다.* 유엔 통계에 따르면 2010년 현재 2억 1,400만 명이 본국을 떠나 이주자로 살아 간다. 이 수치는 전 세계 인구의 3퍼센트에 불과하지만, 이주를 감행하는 인구가 젊은 연령대에 집중되어 있으며 임시로 출국한 후 장기 거주하는 미등록 이주자나 단기 체류자가 포함되지 않은 수치라는 점을 고려할 때 가히 '이주의 시대'라 할 만큼 이주는 보편적이고 익숙한 일상이 되고 있다.**

이주의 시대에 한국은 새롭게 부상하는 이주 목적국이 되었다. 불과 30년 전만 해도 한국은 해외로 사람을 내보내는 송출국이었다. 아직도 한국 국민 다섯 명 중 한 명은 사회적·경제적 불안에 대한 해결책으로 이민을 심각하게 고려한다.*** 한인들의 첫 해외 이주는 1903년 하와이 이주다. 하와이 이주가 시작된 이래 한반도 전체 인구의 10퍼센트에 해당하는 718만 5,000명이 전 세계 176개국에 살고 있으며, 이 수치는 세계 평균 3퍼센트보다 훨씬 많은 것이다. 한국은 이스라엘, 아일랜드, 이탈리아에 이어 네 번째로 자국민을 해외로 많이 송출한 나라다.**** 해외로 이민 간 친척이나, 영어권 국가에서 공부하는 자녀, 투자와 경제활동을 위해 해외 체류 중인 가족이 있는 한국인이 드물지 않을 것이다. 최근에는 부유해진 한국인의 위상을 반영하듯 글로벌한 계층 상승과 새로운 라이프스타일을 위해 이주하는 사람들이 급증하고 있다. 영어 교

- 한국에 90일 이상 체류하는 외국인은 외국인등록증을 발급받아야 한다. 한국의 외국인 체류 통계는 등록된 외국인을 대상으로 수집된다. 출입국 외국인정책본부(http://immigration.go.kr).
- ** 스티븐 카슬·마크 J. 밀러, 한국이민학회 옮김, 『이주의 시대』, 일조각, 2013, 29~30쪽.
- *** 한국갤럽이 2013년 10월, 전국 19세 이상 남녀 1,215명을 대상으로 지난 1년간 외국으로의 이주를 심각하게 고려한 적이 있는지 문의한 결과, 전체의 18퍼센트가 '고려한 적이 있다'고 답했다. 『연합뉴스』, 2013년 10월 31일.
- **** e-나라지표(www.index.go.kr), 재외동포현황, 2015.

육과 해외 대학 학위라는 글로벌 문화자본을 획득하기 위해 한국을 떠나는 '학생 이주자'의 비율은 전 세계에 유례가 없을 정도로 높다.[*] 반면에 심화된 빈부 격차 때문에 일자리를 찾아 해외로 떠나는 생계형 이주자, 즉 '생존 회로'를 통해 이주하는 한국인의 비율도 증가하고 있다. '워킹 홀리데이' 등의 단기 체류로 호주, 미국, 캐나다 등지로 진출하는 청년이나, 건설이나 서비스 분야의 일자리를 얻기 위해 일본으로 가는 '뉴커머' 등은 한국 사회의 배출 요인, 즉 경제적·문화적 기회 부족 때문에 해외로 떠나는 경우다. 고령화 사회가 도래하면서 이주는 더 이상 젊은 연령층만의 선택이 아니다. 한국의 높은 소비자 물가 때문에 중산층 라이프스타일을 유지하기 어려운, 퇴직한 장년층도 물가가 상대적으로 싸고 자연환경이 좋은 아시아 지역으로 '은퇴' 이주한다.

그렇지만 한국 사회의 가장 큰 변화는 인종, 국적, 언어가 다른 외국인 이주자의 유입이 증가한 것이다. 안전행정부의 2015년 외국인 주민 현황 분석에 따르면, 외국인 주민 수는 174만 1,919명으로 총 주민등록 인구 5,132만 7,916명의 3.4퍼센트, 즉 약 30명 가운데 한 명이 외국인 주민으로 파악된다. 전체 인구에 비해 외국인 거주자의 비율은 아직 미미한 수준이지만, 이런 변화가 최근 20년간 급작스럽게 일어났다는 점에서 한국 사회에 주는 반향은 자못 크다. 지난 20년간 어떤 이유로 외국인 이주자가 이렇게 급증한 것일까? 이들은 누구이며, 어떻게 한국 사회를 경험하고 있을까? 이 주제가 이 책에서 다루고자 하는 내용이다.

● 특히 조기유학은 고비용인 데다 가족 구성원의 분거를 요구한다는 점에서 쉽지 않은 선택이다. 그러나 작금의 추세를 반영하듯 한국 중산층 가족 중 월평균 가구소득이 600만 원 이상인 가구주의 경우 배우자나 미혼 자녀가 국외에 있는 비율이 25.6퍼센트였다(조은, 「기러기 아빠: 월드클래스를 향한 욕망의 기호」, 『황해문화』 56, 2007, 81쪽).

이주의 증가는 글로벌한 현상이지만, 한국이 이주자를 필요로 하는 이유는 여러 가지 측면에서 설명할 수 있다. 한국이 이주 목적국이 된 데에는 1988년 올림픽 개최 이후 획득한 국가 위상과 지속적인 경제 발전을 통한 삶의 질적 변화가 반영된 것이다. 하지만 무엇보다 한국으로의 이주가 촉진된 것은 한국 사회가 다른 선진국과 유사하게 '사회적 재생산의 위기'를 경험하고 있기 때문이다. 사회적 재생산은 사람을 출산하고 생존하게 하는 전 과정을 의미한다. 특히 미래의 노동인구를 생산하고 이들에게 의식주, 안전, 건강, 돌봄을 제공함으로써 노동력을 재생산하고 세대를 연속시키는 것을 의미한다. 또한 그 사회가 유지되는 데 필요한 지적·사회적 가치와 문화적 관습을 전수하고 집합적 정체성을 만들어내는 모든 사회적 과정을 포함한다.*

1990년대 이후 가속화된 사회적 재생산의 위기는 저임금 3D 업종의 노동력 부족뿐만 아니라 저출산과 인구 고령화, 결혼 시장의 성비 불균형 같은 인구 위기로 나타났다. 복지국가 체제를 갖춘 경제부국과 달리 한국에서는 국가가 아닌 개별 가족이 육아, 교육, 노인 돌보기 등의 사회적 재생산을 담당해왔지만, 이제 가족 구성 자체가 어려워지고 가족 구성원 간의 안정적인 관계가 보장되지 않는 상황에서 가족 의존적인 돌봄은 불가능해졌다. 국가, 시장, 가족, 비영리단체 등의 제3섹터 등에 의해 균형 있게 수행되어야 할 사회적 재생산의 영역은 현재 '시장'이 주도하는 영역이 되었고, 이마저도 노동력이 부족한 상황이다. 국가

---

* Diane Elson, "The Economic, the Political and the Domestic: Businesses, States and Households in the Organization of Production", *New Political Economy* 3(2), 1998, p.191.

단위를 중심으로 이루어지던 사회적 재생산이 불가능해지면서, 각국은 글로벌한 차원의 이주를 통해 사회적 재생산의 위기를 해결하고자 한다. 가장 손쉬운 방법으로 동원되는 대상이 경제개발국가나 빈곤국가의 국민이다. 송출국 역시 부채 탕감과 송금을 통한 외화 획득을 위해 자국민의 해외 이주를 장려하고 암묵적으로 승인한다.

한국에도 1980년대 후반부터 조선족 남성과 아시아 이주자들이 노동력이 부족한 영세 제조업 생산 분야나 건축 분야 인력으로 유입되었다. 1990년대 들어서는 조선족 여성 이주자들이 육아, 노인 및 환자 간호 등의 돌봄 영역으로, 중국 및 동남아시아 여성들이 결혼 배우자로 대거 유입되었다. 1997년 경제 위기 이후에는 전통적인 생산 영역보다 개인의 일상과 가족 및 세대의 유지 등을 목적으로 하는 결혼 이주나 돌봄과 양육 등의 재생산 이주의 비율이 급증했다. 2015년 현재 한국에 있는 이주자 중 여성 비율은 48퍼센트에 이른다. 그렇다면 구체적으로 이주자들이 한국의 생산 및 사회적 재생산의 위기 문제와 어떻게 조우해왔는지를 살펴보도록 하자.

산업구조의 재조정과 경제 이주자

한국에 처음 등장한 이주자는 일자리를 찾아온 '경제 이주자'다. 한국 사회가 고부가가치 서비스 경제로 도약하는 상황에서 영세 제조업의 경영 상태는 악화되었다. 한편 1986년 아시안 게임과 1988년 올림픽을 통해 한국의 발전상이 알려지면서 한국은 일본에 이어 가장 높은 임금을 받을 수 있는 이주 목적국으로 부상했다. 1986년 정부의 여행 자유화 조치로 한국인의 외국 출입이 자유로워졌고, 한국을 오가던 외국의 장사꾼이나 사업가들이 알음알음 한국의 경제 발전상을 알리기 시작했다. 아시아에서 일본에 이어 두 번째로 고임금을 보장하는 나라로 발견된 '한국'에 대한 관심도 증폭했다. 그리고 제1차 걸프 전쟁의 발발로 인해 중동에서 본국으로 귀환한 동남아시아인들이 한국을 새로운 목적국으로 선택했다.[•]

이 시기에는 1987년 중반부터 시작된 '노동자 대투쟁'으로 국내 노동자의 임금이 급격히 상승했다. 한국 정부가 국가 경제를 도약시킨다는 목표 아래 '산업구조 재조정'을 실행한 때이기도 하다. 산업구조 재조정은 이른바 사양산업으로 간주된 제조업 분야에 은행 대출을 포함한 국가적 지원을 중단한다는 내용을 포함하고 있었다. 섬유·신발 제조 및 음식 가공업, 전기부품 조립과 사출, 도장 등 공해를 유발하는 경공업이 주로 구조조정의 대상이 되었다. 영세한 중소기업은 생산 라인을 줄이거나 더 싼 임금을 찾아 인도네시아, 중국을 포함한 아시아의 다른 나라로 공장을 이전함으로써 이 위기를 극복하고자 했다. 그러나 생산 기지를 해외로 옮길 수 없는 더 열악한 제조업체, 가구 제조업 등의 3D 업종은 임금 상승과 노동력 부족으로 어려움을 겪게 되었다. 유행의 변화가 빠른 의류와 액세서리 분야는 소비자와 가까운 곳에 제조 공장을 두는 것이 유리하기 때문에 해외로 생산 기지를 이전하기보다는 국내에서 구할 수 있는 값싼 노동력을 선호했다. 한국 정부는 대자

● 한건수, 「한국의 다문화사회 이행과 이주노동자」, 『철학과 현실』 91, 2011, 21쪽.

본과 고부가가치 산업 중심으로 산업구조 재조정을 감행하면서 영세업체들의 인력난을 방관했으며, 영세업체들은 알음알음으로 외국인을 불러들여 고용해야 했다.

한국인의 일자리를 두고 외국인과 경쟁하기 때문에 외국인을 추방해야 한다는 일부의 우려와 달리, 이주자는 한국인이 기피하는 일자리에 대거 몰려 있는 상태다. 한국 경제는 재벌로 대표되는 글로벌 플레이어뿐만 아니라 복잡한 하청 구조로 연결된 수많은 중소 영세기업에 의해 지탱된다. 그리고 영세기업에는 한국인이 선택하지 않는 일자리가 존재한다. 한국이 고학력 사회로 이동했을 뿐만 아니라 한국의 젊은 세대가 3D 업종에서 일하려 하지 않기 때문이다. 1990년 이후 소비자 정체성을 빠르게 획득한 젊은 세대는 근면과 희생을 요구하는 저임금의 위험한 일을 기피한다. 부모 세대가 익숙하게 해왔던 집단주의적 성과를 위해 개인의 권리와 욕망을 더 이상 포기하지 않는다. 한국인이 기피하는 일자리에 외국인이 유입되는데, 외국인이 몰리는 직종은 '외국인 노동자 일자리'라는 낙인이 찍히면서 다시 한국인이 기피하는 악순환이 벌어진다.

한국 정부가 포괄적인 이주노동 정책을 마련하기 전에, 이미 이주노동자는 한국에 와 있었다. 1990년대 초반까지 한국에 들어온 대부분의 이주자는 정부의 승인을 받은 계약 노동자가 아니라, 관광이나 사업 목적으로 한국에 들어와 취업한 미등록 이주노동자였다. 이후 1994년부터 3년간 적법하게 일할 수 있는 '산업연수생제도'가 도입되었다. 산업연수생은 말 그대로 노동자가 아닌 연수생이기 때문에 노동자로서 대우를 받지 못했다. 당시 산업연수생의 월평균 임금은 18만 원에서 20만

원 정도였다. 노동자가 아니라 연수생이라는 이유로 노동권도 갖지 못한 채, 부당한 대우와 욕설, 임금 체불, 폭력에 시달리는 일이 비일비재했다. 당시 이주자들이 꿈꾼 '코리안 드림'은 손가락 절단 등 일상적으로 일어나는 산재와 죽음, 임금 체불과 차별이란 단어로 점철될 수밖에 없었다. 3년간의 체류 기간을 넘긴 산업연수생이나 직장을 이탈한 외국인 노동자는 모두 '불법' 이주자가 되었다. 한국 정부의 첫 이주자 정책은 결과적으로 대규모의 미등록 이주노동자를 양산했다.

국내외에서 많은 비난을 받았던 산업연수생제도의 대안으로 등장한 것이 2004년부터 새롭게 실시된 '고용허가제'다. 고용허가제는 표준계약서를 통해 최저임금을 보장할 뿐 아니라 '노동권' 보장의 기본 요건을 충족시킨 초빙노동자제도guestworker system다. 이 때문에 고용허가제 도입 이후 한국으로 이주하고자 하는 아시아인의 욕망은 한층 커지고 있다. 한국과 아시아 15개국이 맺은 양해각서MOU를 통해 이주노동자는 최장 4년 10개월 동안 한국에서 일할 수 있다. 고용허가제를 통한 이주는 한국이 상대적으로 높은 임금을 보장하고 지역적 접근성이 좋다는 이유로 아시아인에게 매우 선호되고 있다.

한편 동족간 이주Co-ethnic migration라고 할 수 있는 조선족과 고려인 등 해외동포의 '귀환' 이주는 2007년 '방문취업제'를 통해 합법화되었다. 한국에 연고가 없는 동포에게도 3년에서 5년까지 한국에서 자유롭게 취업할 수 있는 기회를 제공하는 방문취업제가 실시된 이후 조선족은 한국의 건설, 서비스, 돌봄 분야에서 가장 중요한 역할을 맡고 있다.

사회적 재생산의 위기와 그 해결

압축적인 경제 성장으로 부를 축적한 한국 사회는 빠른 경제 성장만큼이나 많은 희생을 치렀다. 국가의 경제 성장 제일주의 정책은 경제가 '사회적 관계'에 기반을 두고 있다는 점을 무시하고 이루어진 것이었다. 경쟁에 따른 성과주의, 집단을 위한 개인의 희생, 가정 내 고착된 성역할 등에 기반을 둔 성장 제일주의 원칙은 심각한 인구학적 위기를 초래했다. 자연스러운 통과의례로 간주되던 결혼제도에도 1990년대 이후 변화가 생겼다. 만혼 현상이 나타나고 비혼 여성이 급증했을 뿐 아니라, 결혼한 부부의 출산율이 급격히 감소했다. 1991년 여성 1명당 1.71명이었던 출산율은 정부의 출산장려 정책에도 1995년에는 1.63명, 2001년에는 1.29명, 2005년에는 1.08명으로 감소했다. 조이혼율의 경우 인구 1,000명당 1.1건 정도였던 비율이 2002년에는 3.0건, 2003년에는 3.4건으로 증가했다.* 저출산과 가족 해체의 심화 등 '인구 재생산의 위기'로 간주되는 이러한 현상은 결혼의 내면화를 통해 인구를 조절해왔던 한국 사회에는 충격이 아닐 수 없었다. 게다가 '돌봄'의 요구가 증가하는 65세 이상 고령화 인구는 12.3퍼센트로 증가했다. 이는 곧 국가의 위기로 받아들여졌다. 그러나 이러한 인구학적 전환은 일찍이 서구에서도 나타났고, 1990년대 이후 일본, 한국, 대만, 싱가포르 등 아시아의 경제발전국에서도 공통적으로 발생했다.

자국민 간의 결혼과 가족 구성을 통해 안정적으로 인구를 조절하고

● 통계청, 「이혼 통계」(e-나라 지표), www.index.go.kr.

사회적 노동력을 확보해왔던 한국은 1990년대 이후 심각한 수준의 출산율 저하, 고령화, 지역적 인구 불균형이라는 인구학적 위기를 경험하고 있다. 더 이상 '민족 가구'로는 이러한 위기를 극복하기 어려운 상황을 맞게 된 것이다.

특히 한국 사회가 이 위기에 더욱 민감하게 반응하는 이유는 한국 여성의 결혼에 대한 가치관이 빠르게 변화하고 있다는 데 대한 문화적 충격 때문이다. 이성애에 기반을 둔 결혼과 가족제도는 '남성 생계 부양자, 여성 가사노동자'라는 성별 노동 분업을 통해 인구 재생산을 이룩해왔고, 여성이 무임으로 수행해온 가사와 육아 노동을 통해 자본 축적이 가능해짐으로써 빠른 경제 발전을 달성했다. '회사형 인간'으로 성장하여 가족과 아이, 지역사회를 돌보지 못하는 남성을 양산한 사회에서 가족은 유지되기 힘들다. 1997년 IMF 경제 위기 이후 남성의 생계 부양자로서의 역할이 불안해지고, 학력과 경제력을 갖춘 여성은 의무나 통과의례가 아닌 선택으로 결혼을 받아들이기 시작했다. 공사 영역 모두에서 여성의 경제적 역할과 기여가 강조되는데도, 국가의 복지정책이 미비하고 가족 내 성평등과 민주적 가사 분담이 지체되는 상황에서 여성이 할 수 있는 선택은 그리 많지 않다. 그 선택은 결혼 시기를 늦추고 출산을 조절함으로써 일과 가족의 양립을 유지하기 위해 애쓰거나 커리어와 경제적 독립을 위해 결혼을 하지 않는 것이다. 결혼을 선택으로 여기는 여성 인구층이 증가하고, 동시에 결혼을 하지 못하는 저소득층 남성이 급증하고 있다.

한국 사회의 경우, 1960년대부터 강력하게 집행된 가족계획 정책이 국제결혼 현상을 초래한 핵심 원인 중 하나다. 남아 선호가 사라지지 않은 채 행해진 출산 조절을 통한 가족계획 정책은 여아 낙태를 조장하였고, 이후 심각한 성비 불균형을 초래했다. 결혼 시장에서의 성비 불균형은 계층 문제와 결합하여 경제력이 약한 남성에게 더욱 불리하게 작용했다. 학벌과 경제력, 사회적 지위를 가진 남성은 여성에게 쉽게 선택되지만, 도시 저소득층 남성과 농촌 남성에게 결혼은 실현하기 어려운 꿈이 되어버렸다. 특히 세계무역기구WTO 체제 출범으로 농산물 가격이 불안정해지면서 물적 기반을 갖추지 못해 부계 가족을 구성할 수 없는 농촌 총각이 급증했다. 농촌 지역의 경우 1995년 기준 15세 이상 미혼 남성은 185만 8,300명으로 여성 105만 3,000명에 비해 무려 80만 5,300명이 더 많고, 20세부터 43세까지의 미혼 남성은 73만 9,500명으로 미혼 여성 21만 3,200명에 비해 세 배를 훨씬 넘는 수치였다.[•] 1980년대 중반 이후 미디어에 등장하기 시작한 '결혼하지 못한 농촌 총각'의 자살 뉴스는 결혼을 남성의 당연한 권리이며 의무로 간주해온 한국 사회에 큰 파장을 일으켰다.

이는 결혼에 대한 맹목적인 가치를 부여하면서도 결혼을 장려하고 유지하는 데 필요한 사회적 변화를 이끌어내지 못한 한국 사회가 초래한 구조적 문제였다. 즉 남녀평등의 가치, 가사노동의 민주적 분담이나 육아, 노인 돌봄, 교육 등을 국가와 사회에서 분담하는 돌봄의 사회화 및 제도화에 무관심했던 한국 사회의 문제가 축적된 결과였다. 그러나 문제를 해결하려는 진지한 노력이 결여된 채 국제결혼이 쉬운 해결책으로 등장하고, 전국 각지에서 국제결혼 사업은 붐을 이루기 시작했다.

● 한국농촌경제원 자료. 정호준, 「통일교 국제축복가정의 정착에 관한 연구: 부산교구를 중심으로」, 선문대학교 신학대학원 해외선교학 석사학위 논문, 2001, 18쪽에서 재인용.

교회, 회사와 같은 다양한 사회단체 및 신문, TV 등의 미디어는 농촌 총각 결혼시키기 프로그램에 뛰어들었다. 통일교를 통해 한국의 농촌 남성과 일본 여성 간의 국제결혼이 증가했고, 한국 남성과 중국 조선족 및 러시아 지역의 해외동포 여성 간의 국제결혼이 '핏줄의 재결합'을 강조하며 활성화되었다. 무엇보다 중앙정부나 지역 자치단체 등이 적극적으로 나서서 한국 남성의 국제결혼을 장려했으며, 여기에 영리를 목적으로 결혼을 중개하는 업자들이 결합하면서 짧은 기간에 국제결혼이 대폭 늘어났다. 점차 국제결혼 중개는 한국 남성과 외국 여성을 체계적으로 동원하여 이윤을 추구하는 '초국적 사업'이 되었다.

2010년에는 국제결혼이 전체 결혼의 11퍼센트, 특정 농촌 지역의 경우 전체 결혼의 40퍼센트를 차지했다. 자국 여성과 결혼하지 못한 도시 남성도 아내의 자리를 메워줄 다른 나라 여성을 찾게 되는데, 국제결혼 가정의 70퍼센트가 도시 지역에 거주하고 있는 실정이다. 국제결혼은 결혼 당사자만이 관여하는 사적인 문제가 아니라, 잠재적 결혼인구의 지역적 불균형을 해결하기 위해 다른 나라 여성을 조직적으로 이동시키는 이주 체제로 발전했다. 전체 결혼이주자의 84퍼센트가 여성이며, 2017년 현재 국민의 배우자로 입국한 외국인 여성 수는 129,307명이고 한국 국적을 취득한 귀화자의 수를 포함하면 24만 명에 달한다. '결혼이주자'란 이름으로 불리는 국제결혼 가정의 외국인 배우자는 한국 아이의 어머니가 된다는 전제하에 한국 국적의 배우자로 '이민'이 허용된 한국 사회 최초의 정착형 이주자다.

국가의 인구학적 위기를 해결하기 위해 정책적으로 장려된 국제결혼은 다양한 문화권에서 온 이주 여성을 통해 의도하지 않은 새로운 흐름을 맞이했다. 가정과 지역사회에 다양한 국가 출신의 이주 여성이 진입하면서 어머니에게 요구되었던 자녀의 사회화 역할에 대한 불안감이 생겨났다. 이런 문화적 혼란과 혼종성에 대한 두려움이 한국의 다문화 가족 정책의 기본 기조를 빠른 시간 내에 이주 여성을 한국 문화에 동화시키는 것에 집중하게 만들었다. 다양한 문화권의 여성들이 운반하는 문화를 수용하는 선주민 한국인의 개방성과 활력을 강조하기보다 이들의 동화를 '통합'이라고 이해했다. 2006년 이후 체계화된 한국의 다문화 가족 지원 정책은 최초의 외국인 사회 통합 정책으로 등장한다.

질문과 응답

한국의 이미지와 이주의 현실

한국 사회의 사회문화적 변화와 글로벌 위상의 향상으로 한국을 찾는 이주자가 늘어나고 있다. 빠른 경제 성장에 비해 '이미지'가 부재했던 한국 사회가 최근 외국인에게 '사회적 상상력'을 자극하는 나라로 부상했다. 1980년대 중후반의 민주화 운동과 노동자 대투쟁의 성과는 아시아에서 민주주의를 열망하는 시민들에게 용기와 감동을 주었다. 특히 전쟁, 분단, 군부정치, 인권 부재 등의 부정적 이미지로 점철된 한국 사회가 인권보호국으로 부상하게 된 것은 김대중 대통령의 노벨평화상 수상과 반기문 유엔 사무총장의 존재에도 일부 기인한다. 한국 사회가 글로벌 책무를 인식하게 되면서, 1992년 형식적이나마 난민협약에 가입하고, 2001년에는 에티오피아 출신 난민 신청자에게 처음으로 난민 지위를 부여했다. 이후 해마다 난민 신청자가 증가하고 있다.

무엇보다 한국에 대한 사회적 상상력을 자극한 것은 이른바 '한류'다. 위키피디아는 한류, 즉 코리안 웨이브를 1990년대 이후 한국 대중

문화의 점증하는 인기를 지칭하는 신조어로 규정한다. 동아시아와 동남아시아를 중심으로 한국 드라마가 인기를 얻게 되면서 사회문화적으로 매력적인 한국이 발견되었다. 케이팝은 재능 있고 자유로운 한국 젊은이들이 주도하는 역동적인 한국을 전 세계에 각인시켰다. 외국의 젊은 세대는 젊고 현대화된, 이른바 '꿈이 이루어지는 나라'로 한국을 욕망하게 되었다. 글로벌 네트워크를 통해 욕망은 동시대적으로 공유되면서 적지 않은 외국인이 한국어를 공부하고 한국에 체류하기 위해 온다. 이러한 '문화적 이주'는 새롭게 등장한 이주 패턴이다. 이제 한국에는 다층적이고 임시적이며 쉽게 범주화하기 어려운 다양한 외국인 체류자가 있다.

이주자들이 언제, 어떤 목적과 동기로 한국에 왔는지는 한국의 압축적인 사회 변화만큼이나 다양하고 또 다르다. 1988년 동포 초청으로 한국에 온 조선족 여성은 고향도 찾고 일도 하기 위한 목적이었다. 1990년대에 한국에 온 미등록 이주노동자 라이 씨는 브로커가 일본 대신 권유해서 의도치 않게 온 경우다. 한편 1993년 한국에 입국한 버마* 난민 신청자 탁티웅 씨는 한국 민중의 민주주의를 배우기 위해서, 2013년에 한국에 온 말레이시아의 대학생 쿠웅 씨는 '싸이의 나라'를 찾아왔다. 분단국가로서의 위험이 여전히 산재하지만 한국이 과시해온 경제적 · 문화적 · 사회적 풍요로움은 많은 이주자들로 하여금 한국을 욕망하게끔 했다.

그러나 이윤을 창출할 목적으로 만들어진 대중문화 산업은 욕망을

● 버마 정치 난민들은 자신이 떠나온 고국을 '미얀마'가 아닌 '버마'로 부른다. 현재의 군부통치 체제를 인정하지 않는다는 뜻이다.

판매하는 분야이므로 그 사회의 실체를 아는 데 적합한 텍스트는 아니다. 이 때문에 많은 이주자들이 현란한 자본주의와 여유 있는 문화생활을 상상하고 왔다가 한국 사회에 급작스럽게 실망한다. 그들은 이주 전 한국에 대해 상상했던 것과 그들이 몸담은 현실 사이에서 괴리를 자주 경험한다고 말한다. 인천국제공항의 화려함에 잠깐 들떴던 기분은 고향보다 더 낙후된 지방의 영세 공장으로, 산으로 둘러싸인 고립된 농촌으로, 계속해서 거주지를 이동해야 하는 도시의 척박한 삶 속으로 정박하게 되면서 실망과 두려움으로 바뀐다. 이들은 이 세상에 허용되는 언어는 한국어와 영어뿐이라고 믿는 듯한 적대적인 출입국 직원과의 첫 대면 후, 고용주와 동료, 혹은 남편과 그의 가족들에 둘러싸여 모국어를 억누른 채 급하게 김치에 적응해간다. 무엇보다 대중문화를 통해 보았던 화려한 외모, 유머, 활력, 세련됨, 상냥함을 갖춘 한국인은 실제로 많지 않음을 알게 되고, 화난 얼굴로 욕을 하거나 잔소리를 늘어놓는 한국인과 현실 속에서 마주하게 된다. 또는 자신을 아이나 지능이 낮은 사람처럼 취급하는 한국인과 자주 마주친다. 생김새가 비슷해서 서구인에 의한 유색인종 차별은 없을 거라는 기대로 온 베트남 노동자는 다른 아시아인에 대한 무시가 몸에 밴 한국인을 이해할 수 없다. 친절한 한국인조차 동정이나 시혜 수준을 넘어 한 사람의 권리를 가진 인격자로 이주자를 대우하지 않는다. 한국을 기독교 나라라고 알고 와 형제자매의 따뜻한 인정을 기대했던 콩고 출신 난민 신청자 헨리 씨는 한국에서의 인종 차별 경험을 "하나님이 더 큰 축복을 내리기 위해 가장 큰 시련으로 나를 시험하신다"라고 말한다. 이것을 단순히 적응의 문제, 또는 시간이 지나면 해결될 문제라고 보아야 할까?

타인의 삶을 이해하기 위하여

지극히 폐쇄적이었던 한국 사회는 1990년대 '세계화 시대'를 선언한 김영삼 정부 이래, 2006년 노무현 정부의 '다문화, 다민족 사회로의 이행' 선언까지 전 세계의 개방적인 흐름에 적극 동참했다. 한국 사회는 이주자의 존재로 사회적 변화를 경험하고 있는 중이다. 무엇보다 견고한 국민 정체성에 대해 질문하고 이주자를 어떻게 받아들이고 대우할 것인가에 대한 사회적 논의가 촉발되었다. 기존에 당연하다고 여겨온 '한국인'이라는 개념 또한 새롭게 정의되고 있다. 문화적 다양성이 사회의 활력소이며 역동적인 경제를 만들어낸다는 주장이 제기되고 있는데, 이런 현실은 지금껏 한국 역사에서 깊이 경험해보지 못했던 일이다. 이 때문에 이주자의 존재는 여전히 생소하고, 물샐 틈 없는 방어벽을 뚫고 우리 안에 들어와 있는 잠재적 위험으로 간주되기도 한다. 외국인 범죄 증가와 이주자 집중 거주지의 우범지대화에 관한 뉴스는 한국인의 적극적인 방어 본능을 자극한다. 선주민과 이주민은 문화 접경지대에 살고 있다. 레나토 로살도는 문화 접경지대는 견고한 경계 안에서 자신의 정체성을 형성해온 사람들에게 '접경지대 히스테리'borderlands hysteria를 불러일으킨다고 말한다.•

　인종, 젠더, 나이, 국적, 생활양식, 지위 등이 다른 사람들 간의 문화적 교류와 교환이 일어나는 장소인 접경지대는 자신의 문화 정체성을 본질적이고 본원적인 것으로 간주해온 사람들에게는 신경증적인 감

• Renato Rosaldo, *Culture and Truth*, Boston, MA.: Beacon Press, 1989, 1993(레나토 로살도, 권숙인 옮김, 『문화와 진리』, 아카넷, 2000, 68쪽).

정을 일으키는 공간이다. 즉 의심, 공포, 두려움, 불편함의 감정으로 타자의 문화에 접촉한다. 이런 감정은 때로는 무시, 인종 차별적 언어 또는 육체적 폭력으로 나타난다. 문제는 이주자가 이런 상황을 촉발한 원인이 아니라는 점이다. 한국인이 더 나은 미래를 위해, 생존을 위해 해외로 이주한 것처럼, 이들도 가족과의 이별을 가슴 아파하며 한국을 찾아온 사람이다. 한국인이 꿈꾸는 해외 이주가 유연성과 이동성, 모험과 도전, 기회와 부의 축적 같은 역동적인 언어로 상상되는 것처럼, 한국을 찾은 이주자도 진취성을 가진 용감한 존재이다. 물론 한국인의 접경지대 히스테리는 새로운 단계로 이동하기 위한 통과의례일 수 있다. 여기서 새로운 단계는 한국인이 여전히 단일민족 신화에 기원하는 국민국가 정체성의 구현을 지켜나가고자 하는가, 아니면 이것에서 벗어나좀 더 초국적이고 혼성적인 정체성을 일부 받아들이느냐의 문제다. 그리고 외국인을 시혜와 손쉬운 처벌의 대상으로 고착시킬 것인가, 아니면 우리와 같이 인권과 사회권을 가진 권리의 담지자로 대우할 것인가의 문제다.

외국인 이주자가 한국 사회의 위기를 해결하기 위한 가장 손쉬운 선택으로 동원되면서, 그들이 '위험', '낙후', '3D 업종', '최저임금', '전통'의 영역에 머물러 있는 현실을 모른 척할 것인가? 이주자를 통해 한국사회가 연명하는데도 그들을 무시하고 착취하는 것을 방관할 것인가? 이 책은 이 질문들에 대한 응답을 구하기 위해 쓰였다. 이를 위해 한국의 이주자 경관과 이주자 정동migrant affect을 다룰 것이다. 질 들뢰즈는 '정동'affect을 감정, 지식, 정보, 소통에 의한 정서의 흐름을 통해 사람들을 움직이게 만드는 능력이라고 보았다.* 따라서 이주자 정동이란 한국에 온 이주자가 일터, 가정, 지역사회 등에서 정보와 감정을 어떻게 체험하고 이해하는지, 이주자가 선주민과의 관계에서 무엇을 느끼며 어떻게 의미를 부여하는지를 통한 이주자의 정서 구성과 행동능력의 변화를 뜻한다. 한국 사회는 지속적인 경제 발전과 사회재생산의 위기를 해결하기 위해 이주자를 필요로 하지만, 이들에게 공정한 사회적 장소를 제공하지 않은 채 손쉬운 방식으로 불러들여 대우하고 있다. '주변자의 영역'에 이주자를 격리하고 모른 척하면서 이들을 유용한 자원으로 사용하는 것이 가능하리라 믿었지만, 이주자 역시 행동하고 해석하는 행위자로서 한국 사회에 지속적으로 질문을 던지고 있다. 이주자는 이주한 땅에서는 자신들의 권리가 어느 정도 제한될 수 있다는 점을 잘 알고 있으며, 이런 처지와 한계 안에서 삶에 대한 새로운 신념을 구성한다. 그들은 완전히 해방적이거나 완벽하게 종속적 위치를 주장하거나 원하지 않는다. 이주자는 선주민과 이주민, 국민과 비국민 간의 차별과 위계를 조정해가는 '협상'에 참여하길 바란다. 이주자의 경험세계는 선주민과 분리된 고립과 게토의 영역이 아니라, 연루와 결속, 요청과 응답, 몰이해와 화해, 경멸과 공감이라는 행동과 감정이 얽혀 있는 확장적 민주주의의 영역이다.

이주자는 여전히 우리 사회의 '소수자'다. 스스로의 삶과 정체성을 대표할 수 있는 통로가 없고 권리도 주어지지 않는다. 따라서 한국의 주류 미디어와 인터넷에서 유통되는 이주자에 관한 정보와 지식은 이들의 목소리와 현실이 아니라, 우리가 보고 싶어하는 이주자에 대한 이

● 질 들뢰즈, 「정동이란 무엇인가」, 질 들뢰즈 외, 서창현 외 옮김, 『비물질노동과 다중』, 갈무리, 2005, 21~138쪽.

미지일 가능성이 크다. 이 책에서 다룬 이주자 이야기도 매우 부분적인 진실만을 담고 있다. 하지만 이 이야기를 통해 이주 또는 이주자와 관련된 한국 사회의 정서가 어떻게 형성되며, 이에 따라 이주자를 바라보거나 이주자와 관계를 맺는 한국인의 태도가 어떻게 구성되는지를 구체적으로 알게 됨으로써, 이주자의 요청에 화답하는 방법도 확장되리라 기대한다.

　이주자의 삶은 무척이나 가변적이기 때문에 이주 동기와 체류 자격 등에 의한 지나친 범주화가 오히려 이들의 특성을 제대로 드러내지 못하는 경우가 많다는 지적은 타당하다.* 이주자의 삶은 유동적이고 복잡한 것이다. 나는 문화인류학자로서 문화적 다양성을 옹호하는 데 익숙하지만, 한국 사회에서 성장한 사람이 흔히 갖는 편협한 국민국가적 정체성의 한계 역시 인정해야 했다. 내가 이 책을 쓴 것은 세계를 더욱 폭넓게 이해하고, 책임감과 희망을 갖고 삶을 개척해가는 인간을 정직하게 묘사하고, 신자유주의적 경제체제의 확산에 따른 박탈과 새로운 기회 사이에서 위험한 줄타기를 할 수밖에 없는 '이동하는 사람들'을 이해하기 위해서다. 이주자와 조우하면서 나 자신을 조금씩 확장해나간 것처럼, 이 책을 읽는 독자 여러분도 언제 어디선가 그런 경험을 할 것이다.

● 마이클 새머스, 이영민 외 옮김, 「이주」, 푸른길, 2013, 33쪽.

2부

한국에 사는 이주자의 삶과 일

송금과 사랑
베트남 결혼이주 여성의 가족 만들기

한국에서의 생활지침서

1. 한국 생활에 빠른 시일 내 적응할 수 있도록 최선의 노력을 다한다.
2. 한국에 와서 얼마 되지 않아 친정집을 도와달라거나 직업을 갖는다고 하면 안 된다.
3. 무단가출을 해서는 절대로 안 된다.
4. 결혼하면 바로 자녀를 가져야 한다.
5. 부부 간의 성격 차이를 인정하고 개선의 노력을 해야 한다.
6. 한국 배우자의 현재 경제력과 생활수준을 존중해야 한다.
7. 배우자의 경제력과 생활수준 및 성격 등에 관해서 다른 배우자와 비교하는 말이나 행동을 해서는 절대 안 된다.
8. 한국에서 결혼한 여성이 담배를 피우면 절대로 안 된다.
9. 한국 남성은 이런 여성을 좋아한다!
   - 남편을 진심으로 인정하고 남편의 의견을 잘 따르는 여성
   - 다정한 말 한마디에 애교 있게 행동하는 여성
   - 부모와 자녀를 잘 부양하는 여성
   - 검소한 여성

- 한국 생활에 잘 적응하는 여성

10. 상기의 상황을 학습할 때 노트에 메모하는 습관이 필요하다.
 — 학습 노트를 배우자나 가족이 혹시 보게 되면 열심히 노력하고 있는 당신에 대해 감사하게 생각합니다.[●]

위의 글은 어느 결혼 중개업체에서 베트남 여성에게 주입한, 한국에 가면 '꼭 지켜야 할 일'의 목록이다. 이 목록은 베트남 결혼이주 여성이 한국에서 새롭게 담당해야 할 역할과 취해야 할 태도가 무엇인지 잘 보여준다. 결혼은 두 사람의 친밀성과 애정의 문제이기도 하지만, 국제결혼의 성공 여부는 베트남 여성이 그녀에게 기대되는 여러 가지 역할, 즉 며느리와 아내로서의 예의를 잘 지키고, 실망스러운 일이 생기더라도 남편의 기분을 살피면서 불평을 하지 말아야 하는 등의 일련의 행위를 잘 완수할 수 있느냐에 달려 있다. 이런 역할은 현대 한국의 젊은 여성에게 기대하거나 강요할 수 없는 매우 낙후된 젠더 관념이다. 한국인은 대부분 베트남 여성이 아직 충분히 개인주의화되지 않은, 그리고 성 평등이 이루어지지 않은, 시간상 과거에 살고 있는 것으로 상상한다. 그래서 한국 중개업체는 이런 지침을 만들어 베트남 여성을 '훈육'한다. 그러나 이러한 이미지와는 달리 베트남 여성은 사회주의 사회의 남녀 평등 사상을 내재화하면서 자랐고, 남녀 상관없이 일자리를 갖는 것은 존재감의 표현이며 사회적 의무라고 배워왔다. 따라서 한국 남성과 결혼한 베트남 여성은 순종적이고 가정 지향적인 역할을 자연스럽게 수

● 김현미·김기돈·김민정·김정선·김철효, 「고용허가제 시행 이후 몽골과 베트남의 이주 및 국제결혼 과정에 나타난 인권 침해 실태조사」, 국가인권위원회, 2007, 233~236쪽.

행하는 것이 아니라, 이에 부합하는 새로운 인격을 주조하면서 기대되는 여성성을 '공연'해야 한다. 베트남 여성은 오랫동안 학습해온 정체성을 포기하거나 조정하면서, 한국인 아내와 며느리의 모습을 배우고 익히며 실행한다. 베트남 여성에게 국제결혼은 좋은 남편을 만나는 문제일 뿐만 아니라, '뿌리 뽑힘'과 '뿌리 내림'의 경계에서 새로운 정체성을 구성해야 하는 도전적 과제다.

이 장에서는 2003년 이후 급증한 베트남 결혼이주자의 '가족' 만들기 과정을 기술한다. 베트남 여성이 한국의 가족 문화에 익숙해지고 적응한다고 가족 만들기가 곧 완성되는 것은 아니다. 이 과정에서 가족의 개념이 변화하기도 하고 확장되기도 한다. 베트남 여성은 결혼이주라는 긴 여정 속에서, 애초 상상한 한국과 실제 경험한 한국, 이방인으로 유입되어 형성된 가족과 자신이 만들어가는 가족 간의 모순을 해결하고, 새로운 가능성을 만들어내는 적극적 행위자로 등장하기 시작한다.

한국인 남편은 이제는 한국 여성에게 기대하기 어려운 순종을 베트남 여성에게 기대하지만, 이런 기대가 쉽게 현실화되는 것은 아니다. 결혼은 남녀 간의 기능적 결합이 아닌 감정, 친밀성, 신뢰, 이해, 동반자적 협업 등을 포함하는 삶의 행위이기 때문에, 결혼의 유지는 낯선 이들 간의 만남에서 오는 다양한 경제적·문화적·감정적 위기를 해결하면서 상호 이해에 도달할 수 있느냐에 달려 있다. 따라서 한국의 다문화 가족 지원 정책을 통한 이주 여성의 빠른 동화 또는 남편의 권위나 강제에 의한 여성의 복종은 일시적이고 임시적인 효과만을 갖게 된다.

최근 급증하는 국제결혼은 두 국가에 사는, 자원이 빈약한 시민들이 이성애적 결합을 통해 가족을 구성하여 경제적 위기를 해결하려는 아래로부터의 실천 전략이다. 급격한 신자유주의적 경제 발전 과정에서 소외된 베트남 여성과 한국의 저소득층 남성이 구성해가는 국가의 경계를 넘어선 가족 만들기 전략은 이런 점에서 매우 창의적인 한편 불안정하다.

왜 국제결혼을 선택하는가?•

나는 2005, 2009, 2012년 세 차례 베트남의 북부 하노이와 남부 호찌민 그리고 그 주변 지역에서 현지조사를 실시했는데, 방문할 때마다 그 변화의 속도에 놀라곤 했다. 날로 치솟는 물가와 새롭게 올라가는 쇼핑몰 그리고 고급 주택단지 등은 이따금 방문하는 나에게도 두려운 변화였다. 현실사회주의 국가들이 재빠르게 개혁개방을 추진하고, 폭풍 같은 추진력으로 글로벌 자본주의 질서에 편입되기 시작하면서 베트남 국민은 소비자본주의의 축복과 재앙을 동시에 경험하고 있다. 개혁개방 이후 베트남 농촌은 이른바 '신자유주의적 구조조정'의 대상이 되었다. 자유시장경제 원칙을 도입한 국가는 물가 통제를 완화하고 지역 협동조합에 지원을 중단하면서, 농민의 빈곤화를 가속화하는 결과를 가져왔다. 소농 중심의 농촌 개별 가구들은 전 지구적으로 유통되는 새로운 상품의 적극적인 소비자가 되도록 유혹받지만, 현금을 획득할 수 있

• 국제결혼을 추동하는 베트남 사회의 맥락과 결혼 중개과정에 관한 부분은 김현미, 「국제결혼의 전 지구적 젠더 정치학: 한국 남성과 베트남 여성의 사례를 중심으로」, 『경제와 사회』 70, 10~37쪽의 내용을 일부 사용했다.

는 방법이 없었다. 특히 홍수 등 자연재해가 많은 베트남의 남부 메콩 강 부근의 농촌 지역에서는 집이 갑작스럽게 파괴되어도 의존할 수 있는 '공적 장치'가 없다. 베트남 정부가 돈이 많이 드는 인프라 구축이나 사회개발에 적극적으로 개입하지 않는 상황에서 가난한 농촌 사람들은 개별 가구 중심의 생존 전략을 모색해야 했다.

베트남은 삼모작이 가능하지만 기계화가 거의 이루어지지 않아 여전히 물소 등의 가축을 이용하거나 사람의 손으로 직접 농사를 지어야 한다. 이때 모내기와 잡초 제거, 벼 수확 등 주요 노동을 담당하는 이들은 여성이다. 남성은 '큰일', 즉 물소를 다루거나 땅을 고르는 일을 하지만, 여성은 새벽부터 저녁 늦게까지 잡초를 뽑는 등 쉴 새 없이 고된 노동을 한다.* 이런 고된 노동은 어머니에게서 딸로 이어지는 경우가 많다. 그래서 자신의 미래가 너무나 자명하다는 것을 인식한 젊은 여성 중에는 좀 더 나은 미래에 대한 꿈을 꾸게 되고, 이 과정에서 '외국인'과의 결혼이 실현가능한 대안으로 부상하기 시작했다. 그리고 결혼 안 한 딸을 언제 터질지 모르는 '집안의 폭탄'으로 부를 만큼 결혼에 대한 부모의 기대와 압력이 크다.** 최근에는 대도시를 중심으로 제조업과 서비스업 일자리가 증가하고, 고향을 떠나 인근 도시에서 취업하는 여성

- 현지조사 시 만난 베트남 전문가에 따르면 '목숨을 바쳐 사회주의 정권을 완성했다는 자부심을 가진 베트남 남성은 남성의 역할을 정치와 같은 큰일을 하는 것'이라고 생각한다. 이런 생각 때문에 농사일이나 밭일처럼 일상적이며 경제적인 일에는 무관심한 편이다.
- ●● 베트남 농촌 지역의 부모는 딸이 24~25세가 되면 '집안의 짐' 또는 가족의 사회경제적 상황에 위협을 주는 '아직 터지지 않은 폭탄'으로 생각한다. Le Bach Duong·Danièle Bélanger·Khuat Thu Hong, "Transnational migration, marriage and trafficking at the China-Vietnam border", In Isabelle Attané and Christophe Z. Guilmoto(eds.), *Watering the Neighbour's Garden: The Growing Demographic Female Deficit in Asia*, Paris: Committee for International Cooperation in National Research in Demography, 2007, pp.393~425.

도 급증하고 있다. 그러나 도시로 이주한 여성은 '혼자 먹고살기도 힘든' 낮은 임금과 높은 생활비 때문에 가족을 돕지 못한다. 더 큰 가능성과 희망을 갖고 이동의 지리적 규모를 확장한 것이 국제결혼이다. 실제로 여성이 큰 비용을 들이지 않고 해외로 이주할 수 있는 길은 많지 않다. 국제결혼은 여성이 이주 비용을 들이지 않고 자본주의 경제부국의 아시아 남성을 만날 수 있는 유일한 길이다. 농촌이나 도시의 빈곤계층 가족이 계층 상승을 할 수 있는 대안의 하나로 딸을 한국이나 대만, 싱가포르 등으로 결혼이주시키는 일이 유행하고 있고, 그 외에 갑작스럽게 잘살 수 있는 길은 없다고 생각한다.

한국과 대만에 결혼이주를 간 여성의 원가족을 연구한 리티퀴Le Thi Quy는 베트남 농촌에서 '효'의 개념이 어떻게 변화했는지를 잘 보여준다. 가난한 베트남 농촌에서 여성은 결혼 이후에도 부모 근처에 살면서 친밀하게 관계를 유지하고 함께 농사를 지으며 효를 실천하는 전통이 있었다.[*] 베트남에서 가족은 매우 중요하기 때문에 먼 곳에 가면 성공할 가능성이 높다고 해도 여성은 좀처럼 집을 떠나지 않았다. 그런데 최근에 국제결혼을 한 여성이 등장하면서 효의 개념이 변화하기 시작했다. 외국인 남편이 새로 집을 지어주거나 땅을 사주고, 새우 양식장을 시작할 만한 자금을 베트남 가족에게 제공해주며, 현대성의 상징인 오토바이나 가전제품을 사주는 등 '가시적인' 변화가 마을에 나타나면서 국제결혼을 통한 '성공 신화'가 점차 강화되기 시작한 것이다. 이제 베트남 여성에게 국제결혼은 자신의 미래를 바꾸는 행위일 뿐 아니

● 리티퀴, 「이주 여성 가족들의 변화: 베트남에서 한국, 대만에 이르기까지」, 『글로벌 아시아의 이주와 젠더』, 이화여자대학교 아시아여성학센터 기획, 허라금 엮음, 한울, 2011, 217~218쪽.

라 효를 행하는 방법으로 이해된다. 국제결혼으로 갑작스럽게 부유해진 가족이 마을에 단 하나뿐이어도 그것은 모두에게 실현가능한 대안으로 받아들여진다. 딸이 국제결혼을 해서 가족의 곁을 떠나는 것은 매우 슬픈 일이기도 하지만, 국제결혼은 시장경제 체제로의 이행 과정에서 오는 경제적·사회적 불안을 떨쳐내고 '자본주의적 현대성'을 실현하기 위한 '가족 전략'으로 이해된다. 전에는 부모의 농사일을 돕고 정서적인 유대를 유지함으로써 딸 노릇을 했던 여성은 이제 이주를 통해 부모의 삶을 단번에 변화시키는 효를 행하도록 요구받는다. 이런 상황에서 베트남 농촌과 도시의 저소득층 가족에서 결혼이주 의존 구조가 생겨났다. 2009년에 한국에 온 후팅마이 씨는 국제결혼을 통해 기대되는 물적 변화를 '바닥'-'지붕'-'오토바이'로 표현했다. 딸을 국제결혼 시킨 집은 처음엔 흙바닥이 바뀌고, 그다음엔 지붕과 담이 시멘트로 바뀌며, 마지막으로 오토바이가 들어온다는 것이다. 이와 같이 국제결혼을 통해 송금된 돈은 베트남 농촌 마을을 소비시장경제로 전환시키는 데 중요한 외부 자원이 되고 있다.

한편 결혼이주는 사회주의하에서 억눌렸던 근대적 소비와 낭만적 사랑에 대한 욕망이 부상하는 시대적 상황과도 연관이 있다. 근래 한국 대중문화의 인기로 일부 여성에게는 '한국'이 새로운 욕망의 공간으로 떠올랐다. 여성들은 짧은 순간에 배우자를 결정하는 맞선 이전부터 상당히 오랜 기간 한국 남성과의 로맨스를 무의식적으로 상상하면서 결혼 과정에 참여해왔다고 할 수 있다. 대부분의 결혼이주 여성은 한국 드라마를 보면서 경제 발전상, 도시의 화려함, 흡사 리조트와 같은 농촌을 한국의 이미지로 상상했다. 무엇보다도 드라마에 보이는 남녀의 연애, 친절한 한국 남성의 이미지가 이들의 환상을 자극했다. 베트남 결혼이주 여성인 후앙 씨는 매우 '감정적인' 상황에서 국제결혼을 결심했다고 말한다.

> 베트남에는 7~8월에 비가 아주 많이 옵니다. 우기에 밖에 나가 일을 할 수 없을 때는 열흘이고 며칠이고 집에 들어앉아 한국 드라마를 봤어요. 밖에는 비가 오고 조용히 드라마의 매력에 깊이 빠지게 되지요. 드라마 속 모든 것을 멋있다는 '감정'으로 받아들여 그때 드라마 속에 비춰진 한국에서의 생활이 곧 내 미래가 될 것이라 생각했어요.●

드라마 속의 한국 남성은 친절하고, 애정이 많으며, 책임감이 강해 보였다. 무엇보다 이주 판타지는 그 남성이 제공할 안락한 가정과 낭만적 사랑으로 가득했다. 그렇다고 해서 베트남 여성이 아무 정보도 없이 무지한 상태로 결혼을 선택하는 것은 아니다. 그녀들은 한국 남편의 폭력으로 살해된 베트남 여성의 이야기도 잘 알고 있고, 한국 남성의 계층적 현실에 대해서도 '국제결혼 사전 정보 제공 프로그램'을 통해 알게 된다. 이미 한국에 이주한 친척이나 친구들이 들려주는 이야기도 이들이 이주를 결정하는 데 중요한 정보가 된다. 그럼에도 국제결혼의 실패 사례는 종종 감추어지고, 과시적인 성공의 증표들이 동네에 퍼지면 자신도 그런 '운이 좋은' 결혼을 할 수 있다고 믿는다.

한국 남성도 베트남 여성을 '선호'한다. 한국군의 베트남전 참전과

● 김현미, 「결혼이주 여성의 가정home 만들기: 문화 접경지대 번역자로서의 이주 여성」, 『비교한국학』 18(3), 2011, 165쪽.

2012년 한국여성재단이 주최한 친정 방문 프로그램 《날자》 행사에서 한국 남편과 베트남 아내가 먹을거리를 이용하여 서로에 대한 감정을 표현했다.

민간인 학살 등으로 한국인을 환영하지 않는 마을이 여전히 많지만, 일부 한국 남성은 베트남에서 한국군이 '구원자이자 정복자'였다고 생각한다. 역사적으로 구축된 성애화된 이미지 때문에 한국 남성은 베트남 여성을 손쉬운 결혼 상대로 간주한다. 어떤 남성은 보다 현실적인 이유로 베트남 여성을 선호하는데, 베트남 여성이 다른 아시아 여성보다 피부색이 상대적으로 하얗다는 이유로 2세가 태어나도 한국 사람과 별 차이가 없어 보일 것 같아서라는 동기가 작용하는 것이다. 그러나 한국 남성이 베트남 여성과의 국제결혼을 선호하는 것은 자연적이라기보다는 만들어진 것이다. 국제결혼 중개업자들은 베트남에서 영업을 하기가 상대적으로 수월하고 이윤을 많이 남길 수 있기 때문에 한국 남성을 베트남으로 유도한다.* 한때 유행한 '베트남 여성, 절대 도망가지 않습니다'라든지 '지구상에 마지막 남은 천사' 등의 광고 현수막은 한국 남성을 베트남 여성과의 국제결혼 시장으로 이끌었다. 최근 몇 년 동안 한 해 평균 7,000~8,000명의 베트남 여성이 한국인과 국제결혼을 함으로써 '한 - 베' 커플은 국제결혼의 상징이 되고 있다.

관광형 맞선

한국 남성이 '관광형 맞선'에 나가는 것도 결코 자연스럽거나 쉬운 일은 아니다. 말도 통하지 않고 상대방의 문화도 알지 못하는 두 남녀가 몇 시간 내에 결혼을 결정하는 현지 맞선은 남녀 모두에게 매우 당혹스러운 경험이다.

국제결혼을 선택한 여성은 집에서 오가며, 또는 집단 숙소에 거주하며 맞선을 보러 나간다. 그녀들은 보통 하루에 한 번 정도, 주말에는 네다섯 곳 장소를 이동하며 선을 보기도 한다. 상업용 중개업에 의한 맞선이 '불법'인 베트남에서 경찰 단속을 피하기 위해서는 신속히 이동해야 한다. 무엇보다 그녀들은 선을 보러 갈 때마다 수치심을 느낀다. 자존심이 강한 베트남 사람들은 '돈을 좇아 나라를 버리고 외국인과 결혼한다'며 여성들에게 '욕을 하며 눈을 흘기고 지나가기도' 한다. 시간이 지날수록 스트레스가 커지면서 그녀들은 누구라도 자신을 배우자로 선택해주기만을 바라게 된다. 한국 남성이 자신을 선택하면 '합격'했다고

● 한건수·설동훈, 『결혼 중개업체 실태조사 및 관리방안 연구』, 보건복지부, 2006; 고현웅·김현미·소라미·김정선·김재원, 『국제결혼 중개 시스템: 베트남·필리핀 현지 실태조사』, 빈부격차·차별시정위원회, 2005.

말한다.

한국 남성도 비슷해 보이는 수십 명의 여성 중 외모와 인상만을 보고 결혼 상대자를 골라야 하기 때문에 스트레스가 크다. 실제로 대부분의 중개업자들이 여자들에게 청바지에 목이 드러나는 반팔 면 티셔츠를 입으라고 주문하는 경우가 많아 외모를 보고 구별하기도 어려운 상황이다. 한국 남성에게도 맞선이 불편하기는 마찬가지인 것이다. 대규모 맞선이 '가축시장' 같다고 표현하는 이들도 있다. 이 말은 자신들이 놓인 상황이 스스로 느끼기에도 비인격적이라는 데서 오는 불편함과 황당함을 표현한다. 한국 남성 한 명이 최대 50~300명의 베트남 여성과 만나게 되는 현실은 관광형 맞선이 얼마나 여성의 상품화를 조장하는지를 잘 말해준다.● 한국 남성 여러 명이 한꺼번에 여성을 만날 경우 남자들 사이에 한 여성을 두고 경쟁이 생기는 것을 막기 위해 남성 한 명과 여러 명의 여성을 만나게 하는 방식이 관례가 되었다. 상황이 여의치 않아 남성 몇 명이 함께 맞선을 볼 경우 연장자인 남성이 먼저 여성을 고르는 일도 있다.

한국 남성이 모두 자발적으로 국제결혼에 나서는 것은 아니다. 한국에서 자식을 결혼시키는 일은 죽기 전에 반드시 해야 할 부모의 의무로 간주된다. 연로한 부모가 나이 든 아들을 걱정하여 이들을 국제결혼 시장으로 내몰고 있기도 하다.

● 국제결혼중개업법안은 소비자 보호법에 기반하여 만들어진 법으로, 한국인 남편을 돈을 지불한 소비자, 결혼이주 여성을 물품이나 서비스와 같은 방식으로 취급하면서 상업적 중개를 한다. 이 법은 국가가 '여성의 상품화'를 조장한다는 점에서 국내외에서 많은 비판을 받아왔다. 최근 개정된 국제결혼중개업법안은 이 법의 근본적인 문제는 해결하지 않은 채, 일 대 다수의 집단 맞선을 금지하는 등의 조항을 포함시켰다. 그러나 중개업자들은 다양한 편법을 동원해 한국 남성의 선택권을 보장하고 있다.

꿈이 다른 사람들끼리의 가족 만들기

이주 여성이 한국에 와서 가장 처음 놀라는 대상은 바로 남편의 '집'이다. 도시와 농촌의 생활양식이 한국처럼 철저히 분리되어 있지 않은 나라에서는 넓은 건물과 텃밭이 집을 구성하는 필수적인 요소다. 그러나 이주 여성이 거주해야 할 한국 남편의 집은 도시의 옥탑방, 원룸, 컨테이너 하우스 등이거나 산으로 둘러싸인 고립된 농촌의 주택인 경우가 많다. 큰 기대를 품고 한국에 온 베트남 여성은 이런 주거 형태에 실망스러워한다. 좁은 공간에서 남편이나 시부모가 자신의 모든 행동을 통제하고 감시하는 것처럼 느껴져서 감금되어 있다는 느낌도 받는다.•

이주 여성은 이주 전과 초기 정착 과정에서 품었던 기대가 현실과 다르다는 것을 알게 되면서 남편과 어떻게 관계를 맺고 무엇을 '교환'할 것인지를 판단하며 생존 전략을 만들어가야 한다. 베트남 여성은 상대적으로 나이가 어리기 때문에 나이 든 한국 남자의 배우자 자리를 획득하는 데 시간이 걸린다. 결혼을 했더라도 의사결정에 참여하는 당당하고 동등한 부인이 되는 것은 쉬운 일이 아니다. 한국에서 유일하게 의존할 수 있는 대상인 남편이 자신을 싫어할까봐 불안해하고, 말이 통하지 않아 답답한 나머지 남편이 바람이 날까봐 걱정이 많다.

베트남 여성 대부분은 남편이 한국 사회에서 어떤 계층에 속하는지, 한국에서 평균 생활비는 얼마나 드는지 알지 못한 채 한국에 온다. 베트남 여성 티 후엔 씨는 "베트남으로 치면 남편이 부자인데 자신한테는

• 김현미, 「결혼이주 여성의 가정home 만들기: 문화 접경지대 번역자로서의 이주 여성」, 『비교한국학』 18(3), 2011, 153~154쪽.

매우 인색하다"라며 남편에게 불만이 많다. 남편의 월급이 얼마인지 아느냐는 나의 질문에 그녀는 200만 원이라고 대답한다. 시부모를 모시며 전처소생의 딸이 있는 서울의 다섯 가족 생계비로는 충분치 않은 돈임이 분명하지만, 티 후엔 씨는 한국의 '원'을 베트남의 '동'으로 환산해서 남편이 제법 큰돈을 번다고 생각한다. 무엇보다 티 후엔 씨가 한국에 온 지 2년이 지날 때까지도 경제관념을 전혀 가질 수 없었던 이유는, 남편이 티 후엔 씨에게 쓸 돈을 한 푼도 주지 않았기 때문이다. 티 후엔 씨는 한국에 온 후 시부모의 손에 이끌려 한두 벌의 옷을 사러 간 것이 자신을 위해 쓴 소비의 전부였고, 전처소생의 중학생 딸이 입지 않는 옷을 입는다고 했다. 시어머니가 장을 보고, 휴대전화와 생리대마저도 남편이 사다주기 때문에 경제관념을 가질 수 없었던 것이다. 집에서 '아이' 취급을 당하면서 적절한 가족 구성원으로서의 지위를 부여받지 못한 티 후엔 씨는 한국에 산 지 2년이 된 지금도 낮에는 시부모의 손에 이끌려 한국어를 배우러 간다.

주변에서 위장결혼을 했다거나 결혼한 지 얼마 되지 않아 집을 나간 이주 여성에 대한 각종 소문과 정보를 접한 남편은 너그럽고 관대한 '초청자'가 되기 힘들다. 남편도 낯섦과 의심의 감정으로 아내를 관찰하고 평가하는 데 익숙하다. 애정이 있다 하더라도, 이런 두 사람이 가족을 만들어나가는 일은 서로의 노력과 수행성에 대한 인정에 달려 있다. 결혼이주 여성에게 한국에서 안정적으로 정착해간다는 것을 증명하는 중요한 재생산활동은 출산이다. 한국인 남편이 아내를 신뢰하기 시작하는 것은 주로 자녀를 출산한 이후부터이고, 이후 남편은 아내에게 경제권을 넘기기도 한다. 마찬가지로 한국에 와서 가장 행복한 순간을 '첫 아이를 낳았을 때'라고 말하는 여성이 많다. 아이에 대한 본원적인 사랑 때문이기도 하지만, 이들은 아이의 출생이 한국에서 처음으로 '내 가족'을 구성한 '사건'이라는 점을 강조한다. 어려움에 처했을 때 도움을 받을 수 있는 친족 등 사회적 연결망이 없고 '외국인'으로 한국인과 늘 분류되는 자신의 사회적 지위를 고려해볼 때, 아이의 탄생은 자신과 연결된 유일한 가족이 생긴 일이다. 남편과의 친밀성을 경험하기 어려운 상황에서 많은 이주 여성은 외롭고 불안한 생활을 상쇄해줄 유일한 대안을 '아이'로 여기게 된다.

한국말을 배우는 것은 이들이 한국 사회에 적응하고자 노력하고 있다는 점을 가시화하는 중요한 지표다. 한국인 남편은 아내가 얼마나 열심히 한국어를 학습하고 한국어를 잘하는지에 대한 주변의 평가에 민감하다.● 한국어를 잘하는 것은 한국 아이의 엄마로서 당연한 의무라고 간주된다. 베트남 이주 여성은 시부모 모시기, 청소와 요리, 집안일 등을 포함한 가내 재생산활동, 출산과 육아라는 인구 재생산활동, 한국어 습득을 포함한 문화적 재생산활동 등을 수행해야 한다. 또한 남편의 적은 수입을 보충하기 위한 임금노동에도 참여해야 한다. 그녀들은 이러한 다중적인 요구 속에서 가족을 만들고, 사회 통합이라는 국가적 요구에 부응하는 결혼이주자가 되어야 한다. 대부분의 결혼이주 여성은 이러한 요구들 때문에 늘 바쁠 뿐만 아니라, 이주 여성에게만 일방적 노력을 강요하기 때문에 공정하지 않다고 느낀다.

남편은 아내가 품었을 '꿈'을 제대로 실현시켜줄 능력이 없다는 것을

● 심영희, 「한국의 국제결혼: 추세, 이슈, 적응문제」, 울리히 벡 외, 한상진·심영희 편저, 『위험에 처한 세계와 가족의 미래』, 새물결, 2010, 178쪽.

소박하게 인정하기보다는 폭력과 윽박지름, 무시 등으로 아내를 순응시키려고 한다. 이들의 권력은 한국 가족, 지역사회, 국가가 옹호하는 강력한 부권 중심의 우월의식에서 나온다. 소통의 부재, 권력 차이, 경제적 빈곤은 베트남 여성과 한국 남성 간의 국제결혼에서 자주 등장하는 갈등 요인이다. 어떤 남편은 '아시아 여성'에 대한 잘못된 편견을 그대로 내재화하여 아내를 철저히 이방인으로 바라본다. 면담한 남편들 중 일부는 "같은 한국 사람끼리 하는 얘기지만"으로 시작하여 베트남 아내와 그들의 문화에 대한 이질적 특징을 강조하고, 그것을 낙후된 것 또는 혐오스러운 것으로 표현하기도 한다. 또 다른 남편들은 국제결혼을 일종의 시련으로 이해하면서 아내와의 갈등을 어떻게 극복하고 해결해왔는지 설명하며 '자기희생'을 강조한다.

타자에 대한 공감은 국제결혼에서 가족 구성을 완성하는 데 가장 필수적인 문화적 능력이다. 무엇보다 자신의 결혼 동기와 아내의 이주 동기를 인정하고, 결혼 이후 사후적 친밀성을 만들어내기 위해 노력하는 것은 가정을 안정시키는 중요한 기제다. 중개업을 통해 결혼한 남성은 짧은 만남이었지만 분명 아내가 자신에게 호감이 있어 결혼했다고 믿고 싶어한다. 박병관 씨는 베트남 아내와 부부싸움을 하던 중 하도 화가 나서 이제까지 못 물어본 질문을 했다. "너, 왜 나랑 결혼해서 한국에 왔냐?" 그랬더니 스물두 살의 아내는 "젊은 나이에 외국에 가서 사는 것이 꿈이었기 때문이다"라고 대답했다. 박병관 씨는 스무 살이나 어린 아내가 "당신이 좋아서 왔다"라는 대답을 하리라 기대했는데, 오히려 아내의 당당한 태도에 '놀랐다'고 한다.

다시 생각해보니 아내가 솔직하게 대답한 것이 다행이라는 생각이 들었어요. 나도 젊은 시절에 한국을 떠나 먼 해외에 가서 돈을 벌고 싶었어요. 사정이 생겨 외국에 못 나갔지만 그런 꿈이 있던 시절이 있었지요. 내 아내도 가난한 베트남을 벗어나 딴 나라에 가고 싶었을 거예요. 국제결혼을 한 여자들은 정말 용기 있는 여성입니다. 나는 용기가 없어 결국 외국에 못 갔고, 젊은 시절 정신 못 차리고 많이 놀았는데, 나이도 어린 이 여자들은 그런 결정을 했다는 거지요.

박병관 씨는 아내의 이주 동기를 젊은 시절 자신의 모험심이나 '탈주' 욕망과 연결해 급진적으로 재사유하면서 아내를 이해하게 되었다. 그는 아내가 잘살아보기 위해, 그리고 외국에 사는 경험을 해보기 위해 한국으로의 결혼이주를 선택한 것이고, 사랑은 남편인 자신의 행동과 태도에 따라 생기기도 하고 생기지 않기도 한다고 말한다. 박병관 씨는 아내의 이주 동기를 인정함으로써 진짜 사랑에 접근하고 있었다.

송금과 사랑

베트남 여성과 결혼한 장수영 씨는 "송금은 국제결혼한 남성이 짊어져야 할 십자가"라고 표현한다. 아내가 자기 집안을 살리고자 국제결혼을 한 것은 다 알고 있는 사실이며, 이에 동의한 남편은 싫든 좋든 아내의 기대를 저버려서는 안 된다는 것이다. 그러나 대부분의 한국 남편은 '송금'을 결혼의 진정성을 의심하는 잣대 또는 자신의 자원을 외국으로

빼돌리는 아내의 배반행위로 생각하는 경향이 있다. 한국인 남편은 아내 손에 현금을 쥐어주는 것은 곧 그녀의 가출을 방조하는 것이라고 생각한다. 철저하게 경제적으로 종속되어야만 아내가 "딴생각 안 하고 붙어산다"라고 말한다.

대부분의 결혼이주 여성은 구체적인 경제적 보상을 기대하며 한국에 온다. 경제적 보상이 즉각 주어지는 것은 아니지만, 한국에서 배우자의 역할을 잘하면 남편이 송금을 해주리라 믿는다. 그러나 노동이주자와 달리 결혼이주 여성은 생산이 아닌 재생산 영역, 즉 임금이 아닌 무임금의 가족 영역으로 이주하는 것이기 때문에 송금은 실현되지 않을 수 있을뿐더러, 실현되더라도 언제든지 중지될 수 있다. 송금을 통해 베트남의 가족을 지원하는 일은 매우 유동적이고 또 예측하기 어렵다. 남편으로부터 송금을 이끌어내기 위해 여성은 헌신, 신뢰, 친밀성, 모성 등의 '가치'를 실현하고자 애쓴다. 이주 여성에게도 남편에게 송금을 요구하는 것은 어려움이 뒤따르는 일이다. 베트남 여성에겐 "결혼하고 처음 6개월 동안은 남편에게 돈 이야기는 하지 않는 것이 좋다. 돈 때문에 결혼했다는 오해를 받기 때문이다"라는 말이 결혼생활의 지혜로 유통된다. 국제결혼의 동기 중 하나가 경제적 문제지만, 결혼 자체가 경제적 '거래'나 '협상'으로 보이지 않기를 바라는 것이다. 베트남 여성은 봉건제하의 과거 여성처럼 집안의 강요나 빈곤 때문에 선택권 없이 결혼한 것이 아니라 스스로 원해서 한 결혼이기 때문에 송금에 대한 조바심을 드러내는 것은 바람직하지 않다고 생각한다.

송금은 한국인 남성과 베트남 여성이 가족을 구성하는 과정에서 큰 의미를 지니는데, 이주 여성의 적응 노력에 대한 남편과 시부모의 인정이기도 하고, 이주 여성이 떠나온 곳(모국)과 생활하는 곳(한국)의 두 가족을 하나의 가족으로 연결하는 데 기여하기 때문이기도 하다. 그리고 집을 짓거나, 형제자매의 교육과 가족의 자립 기반을 만드는 데 사용되면서, 베트남 여성과 한국인 남편이 가족 내 존재감을 인정받는 행위, 일종의 '파워'로 기능한다.* 송금과 결혼관계를 통해 만들어지는 친밀성, 사랑, 배려, 친족 연결망의 확장이라는 기능은 분리될 수 없다. 경제적 자본이 충분하지 않은 한국 남편과 베트남 아내에게 송금은 즉각적으로 현실화될 수 없는 일이기에 송금을 위해 계획을 세우고, 이를 달성하기 위해 노력하는 과정에서 부부는 신뢰와 동반자적 관계를 획득해간다.

2012년 하이퐁에 있는 응옥타잉 씨의 집을 방문했을 때 공터에 짓던 새집은 건축이 중단된 상태였다. 돈이 없어 집을 2년째 완성하지 못하고 있다고 했다. 응옥타잉 씨의 남편은 2년 전 처가를 방문해서 5,000달러를 지원했으나, 베트남의 가파른 물가 상승과 원자재 가격 급등으로 집을 짓기에 충분치 않았다. 응옥타잉 씨와 한국인 남편 김호철 씨는 아이 둘과 월셋집에 살고 있기 때문에 경제적으로 여유가 없었다. 아이들 교육비로 저축조차 하기 힘들 뿐 아니라, 송금은 더 이상 할 수 없는 상황이었다. 응옥타잉 씨는 맏딸로서 동생들을 돌보지 못하고 부모를 고생시키는 것에 대해 늘 안타까워하고 자주 눈물을 흘렸다. 김호철 씨 또한 '괜찮은 사위' 노릇을 하고 싶은데 여력이 되지 않는다며 아쉬워했다. 부부는 아이들이 커감에 따라 이 상태로는 더 이상 송금을

● 허(오)영숙, 『결혼이주 여성의 본국 가족 지원』, 한울, 2013, 87쪽.

응옥타잉 씨 친정의 집은 건축이 중단된 상태로 남아 있다. 아버지가 한국에서 돈을 벌어 오면 완성될 것이다.

할 수 없다는 사실을 깨달았다. 한국과 베트남의 두 가족이 동시에 잘 살기를 원하는 응옥타잉 씨와 김호철 씨는 몇 가지 선택을 했다. 응옥 타잉 씨는 집 근처 식당에 일자리를 얻었고, 김호철 씨는 베트남의 장 인을 초청해서 '스스로 벌어가시게끔' 일자리를 마련해드렸다. 응옥타 잉 씨는 "식당에서 번 돈은 내 통장으로 들어오고, 남편이 그 돈은 알아 서 쓰라고 했다"며 기대감에 부풀어 있었다. 처음에는 마음에 없는 결 혼이었을지라도, 남편의 따뜻한 마음과 협력적 동반자 관계에 대해 감 사하고 이제는 남편을 사랑한다고 말한다. 제한된 삶의 조건 속에서도 자신의 선택에 책임을 지려 하는 응옥타잉 씨와 김호철 씨는 결혼한 지

6년이 지난 지금 동반자적 의식과 정서적 유대감을 확보한 것처럼 보였다.

역이주, 생존의 위기에 대한 초국적 대응

연령 차이가 큰 두 사람 간의 국제결혼은 시간이 지나면서 새로운 위기를 맞이한다. 한국 남성은 나이가 들면서 경제력이 더 약해지고, 베트남 여성이 생계 부양자로 중요한 역할을 담당한다. 아이들이 성장하면서 교육비와 각종 지출이 증가하고, 송금은 불가능해진다. 한국인 남편은 자신보다 더 오래 살아남을 아내와 자녀의 미래에 대해 진지하게 고민한다. 이때 베트남으로의 역이주는 낯설지 않은, 구체적인 계획이 되기도 한다. 아내의 나라로 가족 모두가 돌아가기도 하지만, 부부는 한국에 남아 돈을 벌고 아이들만 베트남에 보내 교육시키기도 한다.

역이주는 경제적으로 불안정한 국제결혼 가족의 생존을 위한 하나의 선택으로 대두되고 있다. 사실 모험심만으로 이주를 감행할 만한 연령대를 이미 지나버린 한국 남성에게나 이미 한국식 삶에 익숙해진 베트남 여성에게 역이주는 쉬운 선택이 될 수 없다. 여기서 역이주는 국제결혼 가족이 급변하는 경제 상황과 이에 따른 어려움과 새로운 가능성을 감지해가는 과정에서 한국과 베트남 모두를 참조체계로 삼게 되었다는 것을 의미한다. 두 나라 사이에 경제적 격차는 있지만 한국에 있으면 고착화된 계층적 지위에서 벗어날 수 없는 반면, 베트남에서는 지금의 지위를 유지할 수도 있고 상승 이동에 대한 가능성도 열려 있다고 생각한다. 노동시장에서 곧 퇴출될 연령대에 도달했지만 여전히 어린 자녀가 있는 한국인 남편은 한국에서의 사교육비를 감당해낼 수 없다는 것을 안다. 오히려 베트남에서 아이들을 '국제적인 리더'로 키우는 것이 더 쉽고 값싼 방법일 수 있다. 그리고 크게 성공하지 못한 채 귀환하는 것이 베트남 여성에게는 두렵고 부끄러운 일이지만, 베트남 가족의 도움으로 새로운 사업을 시작할 수 있으리라 생각한다.

역이주는 베트남 가족의 협조와 배려하에서만 현실화될 수 있고, 이것은 한국 남성이 평소 '사위 노릇'을 잘했는지에 따라 좌우된다. 그래서 역이주를 고려하는 한국인 남편은 베트남의 처가를 방문해서 친척들과 더 많이 감정을 공유하고 자신의 '자리'를 만들려고 애쓰기도 한다.* 송금은 역이주를 기획하는 부부의 종잣돈이기도 하다. 송금이 아내 가족의 사회적 관계망과 정보를 통해 적절한 곳에 투자되어 수익을 내거나, 사두었던 땅값이 올라 가족의 경제적 지위가 보증될 때 그들은 역이주를 감행하기도 한다.**

서로의 형편을 살피며 더 나은 미래를 기획하고자 하는 열망은 한국의 가족만 지니고 있는 것이 아니다. 베트남의 가족들은 이주한 딸이 한국에서 경제적으로 어렵고 계층 상승의 가능성도 크지 않다는 점을 감지한다. 2008년 한국에 온 호티엠 씨는 실업과 임시직의 경계에서 매우 불안정한 삶을 살고 있던 스무 살 많은 남편과 결혼했다. 2012년 내가 하노이에서 만난 호티엠 씨의 언니는 동생 부부의 역이주를 강력히

● 김현미·김영옥, 「글로벌 가구의 관점으로 본 '날자' 프로젝트의 의의: 한국−베트남 국제결혼 가족을 중심으로」, 한국여성재단, 2012, 27쪽.
●● 김정선, 「아래로부터의 초국적 귀속의 정치학」, 『한국여성학』, 26(2), 2010, 27~28쪽.

한국에서 온 연구자에게 정성들여 차린 음식으로 점심을 대접해주는 베트남의 한 가정.

권유했고, 이를 위해 가족이 보유한 땅을 팔지 않고 있었다. 그러나 호티엠 씨는 한국에서 관광 가이드가 되어 당당해질 때까지는 베트남에 가지 않겠다고 말한다. 호티엠 씨의 언니는 베트남이 경제적으로 더 발전하면 동생이 마음을 바꿀 것이라고 생각한다.

한국 남성과 베트남 여성 간의 국제결혼은 신자유주의적 경제체제에서 혜택을 받지 못하고 더욱더 빈곤해진 국민들 간의 결합이라 볼 수 있다. 베트남 여성과 한국인 남성이 만들어가는 '가족'은 자신들의 부족한 자원을 매개하고 교환함으로써 글로벌 재생산의 위기를 해결해나가는 모습을 보여주고 있다. 국제결혼을 통해 두 국가 이상으로 확장된 친족망은 한 국가에서 경제적 위기를 심각하게 경험하고 있는 사람들을 초국적으로 연결해내는 안전망으로 기능한다. 송금, 가족 초청, 역이주 등은 국제결혼 가족 간의 협조와 지원을 통해 위기를 해결하도록 하는 '아래로부터의 초국적 실천'이다.

유보된 꿈과 글로벌 가족 만들기의 경계

베트남 이주 여성은 국제결혼 가족이 당면한 경제적 불안정성과 친밀성의 결핍을 동시적으로 해결하면서 가족을 만들어간다. 이 과정에서 한국과 본국 사이에 끼인 존재로서의 딜레마를 주의 깊게 살펴보아야 한다. 노부에 스즈키는 결혼이주자로 일본에 온 필리핀 여성의 삶에 관한 논문에서 본국의 가족들도 이들의 고달픔을 이해하지 못하는 상황에 대해 논의했다.* 이 논문의 몇몇 사례를 보면 이주 여성이 경제활동을 통해 보낸 돈으로 필리핀의 가족들은 갑작스러운 계층 상승을 경험하며 새로운 부유층이 되기도 한다. 이러한 사례는 '외국으로 시집간 딸'에 의해 집안이 일어섰다는 전형적인 성공 신화를 만들어낸다. 실제로 이주 여성은 본국에서보다 '계층 하향'을 경험하기도 하고 실패한 이주자의 삶을 살기도 하지만, 본국 가족들은 이주한 딸의 도움으로 급격히 삶의 질이 향상된 후에도 '여기 필리핀'은 '항상 가난하고 결핍된 상태'이고 '일본에 간 딸'은 '안정되고 여유롭고 윤택한 삶을 영위한다'는 이분법적 관념을 유지한다. 이러한 이유로 이주지에서 성 차별, 인종

• Nobue Suzuki, "Tripartite Desires: Filipina-Japanese Marriages and Fantasies of Transnational Traversal", In Nicole Constable(ed.), *Cross-Border Marriages: Gender and Mobility in Transnational Asia*, University of Pennsylvania Press, 2005.

최근 결혼이주 여성들은 이주 여성을 위한 인권운동의 활동가로 변신하고 있다. 대구 이주여성인권센터 교육실의 모습.

차별, 계층 차별을 견디며 고단한 일상을 사는 결혼이주 여성의 실제적인 고통은 드러나지 않는다. 고향을 떠나 경제선진국으로 이동한 순간부터 이주 여성의 생존을 위한 일상적 투쟁은 본국의 가족에게는 공유될 수 없는 현실이 된다. 이러한 현실은 일본으로 이주한 필리핀 여성이나 한국으로 이주한 베트남 여성이나 마찬가지다.

그럼에도 베트남 이주 여성은 수동적 존재가 아닌 적극적 행위자로서 스스로 선택한 국제결혼을 통한 가족 만들기를 완성하기 위해 조심스럽게 협상을 해나간다. 여기서 가족 만들기는 집안일, 아이를 낳고 기르는 일, 한국화된 좋은 엄마가 되는 일, 사회 참여와 경제적 기여 등을 포괄한다. 이러한 기나긴 정착의 과정은 송금 또는 가족 초청 등을 포함한 보상으로 이어지기도 한다. 이 과정에서 이주 여성은 한국에서 만든 가족과 본국에 속한 가족을 '글로벌 가구'로 매개하고 초국적으로 연결한다. 결혼이주는 사랑, 신뢰 등의 감정과 송금 같은 물질적 지원이 새롭게 교환가치를 획득하는 초국적 호혜관계의 한 형태를 구성한다. 베트남 아내와 한국인 남편은 이러한 호혜관계를 만들어냄으로써 새로운 가족 만들기를 완성해간다. 이들의 가족 만들기는 유보된 꿈과 글로벌 가족 만들기의 경계에 존재한다.

'불법 사람'의 성실 인생
미등록 이주노동자 라이 씨 이야기

보따리에 담긴 한국 생활 22년

"내가 만약 붙잡히게 되면 집으로 보내달라고 따로 모아둔 것들이에요." 2012년 6월 라이 씨의 공장을 방문했을 때 그는 방 한쪽에 쌓여 있는 사진과 종이 뭉치들을 보여주었다. 1991년 한국에 입국한 네팔인 라이 씨는 경기도의 한 가구공단 내 도장 공장에서 18년째 일한다. 그는 22년째 '불법' 노동자다. '불법' 노동자들은 스스로를 종종 '불법 사람'이라 부른다. 라이 씨는 늘 단속의 공포에 시달렸다. 어느 순간 친구와 동료들처럼 한국에서의 삶을 정리도 하지 못하고 추방될 것을 알고 있다. 단속과 추방에 대한 유일한 대비는 자신의 소중한 물건들을 정리해 놓고 집으로 부쳐달라고 부탁하는 것뿐이다. 한국에서 보낸 22년간의 삶은 작은 보따리 하나로 정리되어 방 한구석에 놓여 있었다. 이 물건들은 라이 씨가 늘 떠날 준비를 하는 사람이란 사실을 알려준다.

그의 물건 중 가장 중요한 것은 5개월 된 딸과 6개월 된 아들의 사진이다. 네팔인은 백일이나 돌보다 아이가 처음 밥 먹은 날을 중요하

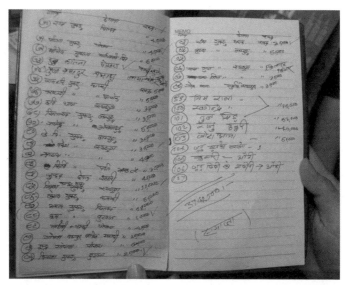

라이 씨는 결혼식과 아이들 잔치에 와준 사람들에게 신세를 갚아야 한다는 생각에 축의금 내역을 노트에 꼼꼼하게 기록했다.

게 생각한다고 한다. 라이 씨의 두 아이는 한국에서 태어났는데, 딸이 다섯 살, 아들이 한 살일 때 엄마와 함께 네팔로 돌아갔다. 이것은 라이 씨가 함께한 아이들의 통과의례를 찍은 유일한 사진으로, 한국에서 함께 살았던 기억이 담겨 있어 의미가 더 크다. 라이 씨는 형이 보낸 편지들도 소중하게 간직하고 있다. 형은 '라이 씨가 고생해서 번 돈'의 쓰임새를 기록해서 보내주었다. 형의 편지에는 집을 지을 때 지출한 시멘트와 전기 등의 비용과 라이 씨가 송금한 돈을 누구에게 빌려주었고 이자는 얼마 받았는지에 대한 내용이 담겨 있다. 이 편지들은 라이 씨의 고된 공장생활이 네팔에서 어떤 변화를 일으키고 있는지를 보여준다. 22년 전 떠나온 네팔에서 라이 씨의 존재감은 형이 보내준 편지로 확인

라이 씨는 공장 한 켠의 비좁은 방에서 살고 있었다(왼쪽). 방 한구석에는 추방될 경우 공장 사장에게 부쳐달라고 부탁한 물건들이 놓여 있다(오른쪽).
© 성유숙

되고 있었다. 라이 씨의 보따리에는 1996년 한국에서 결혼할 때 받은 축의금 내역과 아이들 잔치에서 친구와 동료로부터 받은 축의금 내역이 담긴 공책도 들어 있다. 어디서 어떻게 살든 자신이 받은 만큼 꼭 돌려주어야 한다고 생각하기 때문에 이 공책은 잃어버리면 안 된다. 라이 씨는 예측하기 어려운 '불법' 이주노동자의 삶을 살고 있지만 어떤 상황에서도 사회적 예의를 다하며 자신의 평판을 지켜야 한다고 믿는다.

라이 씨 같은 미등록 이주노동자는 단속에 걸려 외국인 보호소로 옮겨지면 다시 나올 길이 없다. 어느 날 갑자기 '증발'한 사람처럼 작별인사도 나누지 못한 채 3일 또는 일주일 만에 추방된다. 라이 씨처럼 미등록 이주노동자가 많이 살고 있는 가구공단 지역에는 남겨진 개, 살림

살이, 옷가지, 마스크, 헌 장갑과 모자 등이 오지 않을 주인을 기다리고 있다. 나는 이주자 문제를 연구하면서 이런 갑작스러운 사라짐에 익숙해져야 했다. 물론 이주노동자들의 휴대전화 번호가 바뀌거나, 연락이 안 되는 일은 비일비재했다. 그렇지만 어제 만난 사람이, 또는 주말에 저녁 먹자고 약속한 사람이 하루아침에 갑자기 출입국 관리소의 단속반에 잡혀 종적 없이 사라지는 일은 미등록 이주노동자에게만 일어난다. 이런 현실은 당사자뿐 아니라 남겨진 사람들에게도 적지 않은 분노와 허망함을 안긴다. '비인간적인' 단속과 추방 시스템은 한국의 미등록 이주노동자가 감당해야 할 '불법'에 대한 비용의 빙산의 일각이다. 한국 사회의 경제적 풍요와 현란한 소비주의를 몸으로 떠받치고 있는 저임금 노동자인 이들에게 우리는 많은 부분을 의존하고 있지만, 이들의 한국 체류는 불온하고 불법적인 행위로 간주된다. 다른 선택과 기회가 없는, 추방만이 예견된 외국인 숙련공 '불법' 노동자가 한국에는 17만 명가량 있다.•

라이 씨는 내가 가구공단의 이주노동자 연구를 하면서 2012년 3월에 처음 소개받은 사람이다. 일요일에 동대문에서 열리는 네팔인 모임에도 함께 참석하고, 공장도 방문하는 등 네 번의 인터뷰를 진행했다. 그 후 라이 씨와의 지속적인 만남에서 연구자로서의 정체성을 잊고 경이로운 감정으로 그를 바라보기 시작했다. 내가 라이 씨의 삶에 관심을 갖는 것은 미등록 이주노동자라는 제한된 삶의 조건 속에서도 일상을

• 법무부에 따르면 2011년 기준으로 미등록 체류자는 16만 7,780명이며, 이 중 아시아계 이주노동자가 15만 3,906명이다(김연수, 『외국인 및 이민자 노동시장 정책: 현황과 과제』, 한국개발연구원, 2012, 11쪽).

안정화시키려는 부단한 노력을 한다는 점 때문이다. 그는 한국에 장기 체류하는 다른 많은 '불법' 노동자처럼 초과 체류를 했다는 점 외에, 그 어떤 불법과도 무관한 삶을 살고 있다.

라이 씨는 성실함과 엄격한 생활습관을 통해 자신의 삶을 관리한다. 예측하기 어려운 삶은 그가 만들어내는 지극히 평범한 규칙과 질서에 의해 상쇄된다. 매일 인터넷을 통해 아내와 아이들에게 '장거리 사랑'을 전하고, 아침마다 산에 오르며, 채소 생즙을 배달시켜 먹고, 도장일로 몸속에 퍼진 유해물질을 땀으로 배출하기 위해 매일 한두 시간씩 유산소운동을 한다. 또한 격주로 노인요양원에 가서 봉사활동을 하고, 회사에서 받은 월급봉투를 하나도 버리지 않고 모아두며, 술과 쇼핑에 돈을 너무 쓴다 싶은 이주노동자 후배에겐 쓴소리를 하는 '꼰대' 기질과 인터뷰 녹취록을 읽어보고 오류를 지적해주는 완벽성도 지니고 있다. 라이 씨는 반복적이고 규칙적인 자기 관리를 통해 '불법 사람'의 '성실 인생'을 구성해간다. 가장 열악한 조건에서 불법으로 일하는 외국인의 한계를 분명하게 인식하고, 그 속에서 나름의 삶의 법칙을 만들고 실천하고 있는 것이다.

가수를 꿈꾸던 청년에서 '불법 사람'이 되기까지

1990년대 초반까지 한국에 들어온 대부분의 이주노동자는 정부의 승인을 받은 계약 노동자가 아니라 관광이나 사업 목적으로 들어와 취업한 '불법' 체류자였다. 당시 이주노동자는 모두 적법한 비자 없이 일을 했기 때문에 누구나 처지가 같았다.* 라이 씨는 산업연수생제도가 실행되기 이전에 한국에 온 1세대 외국인 이주노동자다. 네팔에는 산업시설이 거의 없기 때문에 네팔인은 주로 농사로 먹고살 수밖에 없어 교육과 생활에 드는 비용을 마련하기 위해 해외 이주를 많이 떠났다. 라이 씨 집안 남자들은 모두 해외 이주노동 경험이 있다. 아버지와 두 형은 영국 용병으로 고용되어 홍콩, 브루나이, 싱가포르 등 다양한 지역에서 군인으로 일했다. 라이 씨도 키만 조금 더 컸더라면 형들처럼 영국 용병이 되었을 거라고 말한다. 고향에서 고등학교를 졸업한 후 잠시 셰르파가 하는 일도 했지만 돈을 벌지는 못했다. 권투선수는 부모님의 반대로, 네팔의 전통노래인 콕송cock song을 부르는 가수의 꿈도 미래가 보이지 않아 접어야 했다. 1988년 사우디아라비아로 처음 이주노동을 가서 2년간 그린하우스(유리로 된 온실)에서 일했다. 일은 어렵지 않았지만, 히말라야 산맥 안나푸르나의 추운 곳에서 나고 자란 라이 씨에게 더운 날씨는 견디기 힘들었다. 다시 네팔로 돌아온 후에, 1991년 12월 브로커에게 돈을 주고 여권과 비자를 만들었다. 한국에 대해 알려진 것이 거의 없던 시절, 한국과 네팔을 오가며 장사하던 사람들을 통해 한국이 경제적으로 발전한 나라임을 알게 되었다. 브로커들은 '눈치가 빠른' 사람들로, 외국 인력을 필요로 하는 한국 공장주의 절박함을 알고 있었다. 라이 씨는 당시 네팔 돈 6만 5,000루피(한화 150만 원 정도)를 지불하고, 다른 사람들과 함께 홍콩, 태국, 대만을 거쳐 김포공항에 도착했다. 그중 두 명은 '운'이 나빠 공항에서 바로 돌려보내졌는데, 아홉 명은 15일간

● 이란주, 『아빠, 제발 잡히지 마: 끝나지 않은 이야기, 이주노동자들의 삶의 기록』, 삶이보이는창, 2009, 43쪽.

관광을 하러 왔다 말하고 브로커가 준 '체류 자금'을 보여준 후 안전하게 통과했다.

경기도 부근의 공장에 취직시켜준다고 약속한 브로커가 종적도 없이 사라진 후, 라이 씨는 의지할 사람 하나 없는 신세가 되었다. 이후에는 우연과 한국인의 호의에 의존하는 삶을 살아야 했다. 말이 통하지 않는 곳에서 유일하게 보호자 역할을 할 것으로 믿었던 브로커가 사라지자 일자리는 둘째치고 당장 생존이 막막했다. 여관에서 그냥 며칠 동안 굶으며 지내기도 했다. 다행히 여관 아주머니가 자신도 전쟁 때 북에서 피난 내려온 사람이라 마음이 아프다며 밥을 해줘서 버틸 수 있었다. 그 후 우연히 길에서 만난 네팔 여성의 도움을 받아 안산으로 오게 됐다. 안산에서 용접일로 몇 개월을 보낸 후 어느 날 슈퍼마켓의 공중전화 앞에 서 있었는데, 한국 남성이 다가와 '어느 나라 사람이냐'고 물었다. 네팔 사람이라고 했더니 '여기 와서 일하지 않겠느냐'고 제안했다. 그렇게 해서 일하게 된 라이 씨의 두 번째 직장은 '돼지막'(돼지우리)이었다.

돼지막 사장님은 사우디아라비아와 리비아에서 이주노동을 했던 한국 사람으로, 사람을 알아보는 눈이 있었다. 라이 씨가 일자리를 찾아온 외국인임을 쉽게 알아본 것이다. 라이 씨에게 돼지막 일은 힘들지만, 가장 마음 편한 일터였다. 네팔에는 공장이 거의 없어 공장일은 해본 경험이 없는 그에게 돼지막의 일은 '지저분했지만 편했다'. 라이 씨는 여느 미등록 이주노동자와 마찬가지로 노동과 휴식이 분리되지 않는 24시간 노동체제에 편입되었다. 라이 씨는 아침 8시부터 그다음 날 아침 6시까지 돼지 밥을 준비하고, 오물을 치우고, 어미돼지와 새끼돼

용접하는 라이 씨의 모습.
© 성유숙

지를 분리하는 일을 하면서 바쁠 때는 스물두 시간 동안 일했다. 하루 두 시간 잠을 잤지만, 젊은 혈기와 이주노동자의 패기로 견딜 만했다. 45만 원이었던 월급은 1년 후 90만 원이 되었고, 이렇게 돼지막에서 3년 동안 일해 모은 돈으로 포카라에 집을 장만했다.

이후 가구공단으로 옮겨와 도장 공장에서 일을 시작한 후, 현재까지 18년째 한 공장에서 일을 한다. 한때는 열한 명의 직원이 있었지만 지금은 라이 씨 혼자뿐이다. 보통 아침을 먹은 후 시작된 일은 저녁 7~8시에 마무리되지만, 도장할 물건을 실은 트럭의 도착 시간에 따라 항상 대기 상태로 있어야 한다. 도장할 물건은 밤 9시가 넘어서 오기도 하고, 새벽 3~4시에도 배달된다. 유일한 직원으로 공장에서 숙식을 하는 라이 씨는 노동자, 공장장, 수위, 배달원, 관리자다. 90만 원으로 시작한 월급은 110만 원이 올라 현재는 200만 원을 받고 있다.

그의 몸은 22년간의 미등록 이주노동의 흔적을 고스란히 간직하고 있다. 페인트를 녹여 벗겨내는 데 사용하는 양산acid이 몸속을 파고들어 무릎에 병이 들었고, 도료를 칠하면서 오른쪽 어깨의 근육을 무리하게 사용하는 바람에 팔뚝의 알통이 밑으로 내려앉았다. 권투로 다져진 다부진 몸을 가졌던 라이 씨, 콕송 가수를 꿈꾸고 유흥과 멋을 알던 라이 씨의 모습은 지금 많이 변했다.

장거리 사랑과 글로벌 가족

보통 외국인 이주노동자는 신체적, 정신적으로 가장 건강한 나이에 한국에 온다. 이들은 연애와 결혼이 왕성하게 일어나는 생애 주기에 있기 때문에, 낭만, 우정, 섹슈얼리티, 친밀성에 대한 다양한 상상과 경험을 하게 된다. 물론 이주지에서의 성별 불균형, 종족내혼endogamy의 의무, 선주민의 폐쇄성 때문에 연애나 결혼, 출산 등은 지체되거나 유보되는 경향이 있다. 모험과 위험이 공존하는 이주지에서의 연애는 낭만적이지만 동시에 많은 의무를 요구한다. 체류 자격이 없고 경제적으로도 불안한 이주노동자가 안정적인 연애를 한다는 것은 매우 어려운 일이다. 그러나 심리적으로 불안한 상황에 놓인 이주노동자의 정서적 갈망은 이들을 쉽게 연애의 세계로 이끈다. 이주노동자는 나라, 지역, 종교가 같은 사람과 사귀는 경향이 강하다. 국제결혼은 급증했지만 외국인 노동자 남성을 기피하는 한국 사회에서 타종족과의 연애와 결혼은 나쁜 소문이 나기 마련이다. 일터에서, 소개로, 혹은 종교 모임에서 만난 문화와 언어가 같은 사람끼리 친밀성을 가질 수밖에 없다.

배우자를 고르는 데도 매우 신중하다. 그들이 고향의 압력에서 벗어나 자유로운 생활을 할 것이라는 생각은 매우 편협한 것이다. 오히려 이주자는 이주지에서 '토착성, 고향에 대한 애착, 전통에 대한 결속감'을 표현하면서 집단적 의무와 규범을 지켜나가고자 한다.* 고향에서 통용되는 '명예'와 '평판'에 대한 인식을 이주지로 운반해오며, 이를 실행하려고 애쓴다. 연애나 동거가 상대적으로 자유로운 데 비해, 결혼은 명예와 평판이 개입되는 지점이기 때문이다. 따라서 이주노동자는 본국 가족 네트워크의 중매를 통해 결혼하는 경우가 많다. 방글라데시나 파키스탄 출신의 무슬림 남성 이주노동자는 주로 부모가 결정해준 배우자와 '전화 결혼'을 한다.

사실 라이 씨가 돼지막의 일을 그만두고 공장일을 찾게 된 것은 연애 때문이었다. 네팔인 아내는 1995년에 산업연수생으로 대구에 왔다. 라이 씨는 주중에는 아내와 전화 데이트를 했다. 아내를 유일하게 만날 수 있는 날은 아내의 공장이 쉬는 일요일뿐인데, 라이 씨처럼 일주일 내내 하루 스물두 시간 일하는 노동자에게는 휴일이 없었다. 돼지는 공장에서 찍어내는 상품이 아니어서 항상 돌봐야 하기 때문이다. 하루도 쉬지 못하는 돼지막 생활로 인해 그는 데이트를 할 수 없었다. 그래서 라이 씨는 일요일에는 일하지 않는 공장 생활을 하기로 결심했다. 라이 씨가 돼지막 생활을 청산하고 공장일을 택한 것은, 그러니까 순전히

● 울리히 벡·엘리자베트 벡 게른스하임, 이재원·홍찬숙 옮김, 『장거리 사랑』, 새물결, 2012, 157쪽.

'결혼'을 위해서였다.

의정부-대구 간 전화로 싹튼 장거리 사랑은 1996년 결혼으로 이어졌다. 라이 씨는 친구 공장에서 결혼식을 올렸다. 이 결혼은 '약속으로만 한 결혼'이지 정식 결혼은 아니다. 네팔에는 다양한 종족이 있고 종족마다 결혼에 대한 생각과 풍습이 다르다. 라이 씨가 속한 구룽_{Gurungs}족의 경우 정식 결혼은 네팔에서 치러야만 인정받을 수 있고, 정식 결혼식을 치르지 않는 한 아내는 라이 씨의 부모가 사는 고향집에 들어갈 수 없다. 라이 씨는 아내와 17년간 결혼생활을 하고 있지만, 아내와 아이들은 여전히 시내에서 라이 씨의 부모를 만난다. 라이 씨의 장기간 부재로 인해 네팔에서 결혼식을 올리지 못했기 때문이다.

가족과 별거하고 있는 이주노동자는 서로 제각기 다른 시간과 장소에서 '가족'임을 확인해야 한다. 이들은 지속적으로 전화나 인터넷을 통해 소식을 교환하지만, '공유하는 경험'이 없다. '사이버적 재현'의 세계 안에서만 가족과의 관계를 만들어갈 수밖에 없기 때문에 정기적이고 상시적인 접속만이 그들을 잇는 유일한 끈이다. 라이 씨는 가족과의 정서적 끈을 놓지 않으려 무척 애를 쓴다. 매일 컴퓨터 영상을 통해 가족을 만나려고 하지만, 그것도 쉽지 않다. 네팔은 아직 전력 공급이 원활치 않아 자주 정전이 된다. 상황이 괜찮은 날은 좋은 화질에서 가족과 대화를 할 수 있지만, 다른 때는 여러 번 접속을 시도하고 나서도 잠깐 안부를 주고받는 정도다. 시간도 안 맞을뿐더러 네팔의 부모님이 전기를 절약하기를 원해 부모님과의 통화는 잘 이루어지지 않는다.

라이 씨의 딸은 한국에서 아빠와 지낸 추억을 기억하며 그를 걱정하고 그리워한다. 라이 씨는 김을 좋아하는 딸을 위해 정기적으로 김을 보낸다. 딸은 '김'을 통해 아빠와 한국을 기억한다. 아들은 대견하지만, 부정이 부족해서 그런지 별로 라이 씨를 그리워하는 것 같지 않다. 아들은 게임기 같은 선물을 보내달라고 늘 조른다. 라이 씨는 아들이 한국 물건을 통해서만 아빠의 애정을 느끼는 것 같아 불만스럽다. 아빠의 현실을 상상하지 못하는 아들이 그저 철이 들기만을 고대할 뿐이다. 라이 씨는 다음엔 꼭 아이들과 함께 한국에 올 거라고 말한다.

> 우리나라가 잘살게 되면 우리 아이들은 (이주노동자로) 안 나오겠죠. 다음에 한국에 오면 관광 삼아 아이들을 데리고 다닐 거예요. 아이들은 서울 어디 어디, 놀러가는 곳을 다 알잖아요. 저는 아이들에게 아빠가 옛날에 돌아다닌 자리들을 다 보여주고 싶고, 아빠가 어떻게 살았고 어디서 일했는지 다 얘기해주고 싶어요. 돼지막에도 꼭 데려가고 싶어요. 그리고 그때는 사장님, 한국 사람, 저 다 고생했으니까 다시 꼭 만나고 싶어요.

라이 씨의 바람대로 가족과의 한국 방문이 성사된다면, '아빠가 일했던 모든 곳'을 보여주면서 17년간의 부재를 상쇄해주고 싶어하는 라이 씨는 쇼핑센터와 놀이공원에 가고 싶어하는 아이들과 많은 협상을 벌여야만 할 것이다. 돼지막, 도장 공장 등으로 대표되는 아버지의 이주 역사가 아이들의 소비주의적 욕망과 어떻게 부딪치고 협상을 이룰 것인지, 그리고 어떻게 새롭게 연결될 것인지 무척이나 궁금하다.

'불법'에 대한 비용

'불법' 이주노동자는 불법이라는 이유로 '불법'에 대한 비용을 지불해야 한다. 이들이 감당해야 할 비용에는 위험한 노동, 저임금과 임금 체불, 욕설과 모욕, 가족과의 결별, 폭력적인 단속 등이 포함된다. 체류 관련 법을 어겼다는 이유로 이들의 삶은 모든 면에서 취약하다.

일요일에 라이 씨의 공장을 방문했을 때 그는 자신이 하는 일, 즉 분재, 도장, 용접을 어떻게 하는지 보여주겠다며 이리저리 왔다갔다 했다. 전에는 동료들이 있어 일을 분담했지만, 지금은 라이 씨뿐이어서 혼자 다 해야 한다. 만약 그가 한국인이었다면 최고의 기술자이며 장기 근속 노동자로 상당한 임금을 받을 것이다. 그는 공장의 존폐 여부를 책임지는 유일한 기술자지만, 그의 월급은 오랫동안 200만 원에 머물러 있다. 그나마 다행인 것은 사장이 제때 월급을 준다는 점이다. 미등록 이주노동자를 포함한 외국인 노동자는 흔히 '한국식 임금 떼이기'를 경험한다. 이는 처음 두어 달만 정상적으로 임금을 주고, 이후에는 고용주가 마치 시혜라도 베풀듯 그때그때 돈을 조금씩 주기도 하고 미루기도 하면서 결국 임금을 체불하는 것을 말한다.• 한국의 사업주들은 월급을 몇 개월간 체불하면서 '깔아놓는' 경우도 많다. '깔다'는 다른 의미로도 쓰이는데, 일종의 보증금을 의미한다. 처음 일을 시킬 때 보증금으로 일주일 내지 15일치 임금을 '깐다'. '깐다'는 것은 정해진 기간만큼 월급을 지불하지 않고 나중에 퇴직할 때 주는 것을 말한다. 마치 집

• 이세기, 『이주, 그 먼 길』, 후마니타스, 2012, 158쪽.

주인이 임대를 할 때 집을 망가뜨릴까봐 보증금을 받는 것처럼, 이주노동자의 노동력에 '보증'을 요구하는 것이다. 가구공단에서 '깔기'는 사업주가 이주노동자의 잦은 이직을 막기 위한 일종의 벌금처럼 기능한다.

임금 체불은 이주노동자라면 가장 피하고 싶어하는 현실이다. 라이 씨가 임금을 더 주겠다는 공장을 마다하고 현 직장을 고수하는 이유는 다른 건 몰라도 임금이 제때 나온다는 점 때문이다. 이주노동자 역시 임금 체불에 대응하는 전략을 개발하고 있다. 예를 들어 일한 날과 시간, 휴일 근무 등의 내용을 꼼꼼하게 기록하는 '달력 메모'를 만들어 이주노동자 스스로 자신이 한 일을 입증한다.* 라이 씨가 일하는 가구공단에서도 이주노동자들은 월급이 '제때 제대로 나오지 않는 공장'에 대한 정보를 공유함으로써, 그런 공장에 취업을 피하는 관행을 만들어냈다. 공장주에 대한 정보는 매우 신속하고 정확하게 유통된다. 취업한 이후에라도 월급이 한두 달 이상 밀리면 미련을 버리고 다른 공장으로 이직해버리는 경우가 많다. '한번 밀리기 시작한 월급은 받기 힘들다'는 것이 오랜 경험으로 얻어진 그들만의 지혜다. 특히 결혼을 하면 고정적으로 들어오는 임금이 아주 중요해지는데, 이 때문에 직장 선호도도 바뀌게 된다. 급여를 많이 주는 업체보다는 조금 적더라도 정해진 날짜에 늦지 않게 '따박따박' 주는 회사가 '좋은' 회사다. 매달 고정적으로 들어가는 임대료, 전기요금, 기름값, 수도요금, 식비 등에 대한 지출 부담이 증가하고, 아이를 기를 때 필요한 분유 값이나 기저귀 값, 의료비, 교육비 등의 지출이 급증하기 때문이다. 월급이 연체되면 송금이 늦어지고,

----

● 샬롬의집·고영란·이영 글, 성유숙 사진, 『우린 잘 있어요, 마석: 마석 가구공단 이주노동자 마을의 세밀한 관찰기』, 클, 2013, 99쪽.

가구공단의 공장 안은 늘 먼지와 분진이 날리고, 본드와 시너 냄새로 가득하다.　© 성유숙

스트레스가 쌓여 생활 리듬이 깨지고 삶의 불안정성이 커진다.[*] 미등록 이주노동자 중에는 월급제보다 일당제를 선호하는 사람도 있다. 당장 내일을 예측할 수 없고 계획할 수 없는 이들에게 삶의 연속성이란 애초에 불가능하다. 오히려 이런 불연속성에 맞춰 자신이 통제할 수 있는 하루 단위의 시간으로 확실하게 노동력을 보장받는 편이 낫다는 생각을 하는 것이다. 일당제는 매일 현금을 받을 수 있어 선호되지만, 공장에서 담당하는 역할이 크고 중요해질수록 이직은 쉽지 않다.

　미등록 이주노동자가 치르는 또 다른 비용은 개선이 이루어지지 않는 노동 환경이다. 미등록 이주노동자는 세분화되고 위계화된 노동구조 속에서 가장 열악한 노동을 담당한다. 야간노동에 투입되거나 철야

---

[*] 김현미·류유선, 「미등록 이주민의 사회적 관계와 지역 재생산: 경기도 A공단 사례를 중심으로」, 『비교문화연구』 19, 2013, 73쪽.

만 전담하는 경우가 많다.* 언제 추방될지 모른다는 약점 때문에 미등록 이주노동자 스스로도 눈에 안 띄면서 가능한 한 장기간 일할 수 있는 자리를 선호하기도 한다. 야간노동은 제한된 시간을 넘어 일할 수 있어 수당이 나오고, 출입국 관리소의 단속을 피할 수 있다. 사업주로서는 24시간 생산라인을 가동해 생산량을 늘릴 수 있다는 이점이 있다. 그러나 야간노동은 인간의 생체 리듬에 어긋날 뿐 아니라 노동자를 더 많은 위험에 노출시킨다. 이들은 안전장치가 없는 작업대에서 일하다 팔목이나 손가락이 절단되는 사고를 종종 겪고, 반복적으로 계속되는 힘든 일로 인한 만성 통증으로 고통받는다. 대부분의 미등록 이주노동자는 야간노동이 아니더라도 위해한 환경에서 장시간 일한다. 라이 씨는 사장에게 토요일 단축 근무를 여러 번 제안했지만 받아들여지지 않았다. 그는 공장의 상황이 20년 전과 '똑같다'고 말한다.

세상은 변하는데 여기 공장은 똑같아요. 가끔씩 사장님하고도 대화해요. 나처럼 기숙사 생활하는 사람(공장 안에서 사는 사람)은 원래 그래요. 일하고 나서 퇴근시간 이후에도 일해야 해요. 보통 열처리하고 자러 가면 1시가 돼요. 어제(토요일)도 밤 9시 반 넘어서 물건을 내려놓은 거예요. 그들은 토요일에 쉬면서 우리한테는 꼭 토요일 늦게 물건을 갖고 와요. 아무 때나 오는 물건 때문에 밤늦게까지 일해야 해요. 어떤 때는 새벽에 와서 자는데 깨우며 물건 내려놓고 가요. 정해진 일 시간이 없어요.

• 이세기, 『이주, 그 먼 길』, 후마니타스, 2012, 153쪽.

미등록 이주노동자는 최악의 노동 환경에서 일할 수 있는, 한국에 남아 있는 몇 안 되는 노동자다.
© 성유숙

　무엇보다 라이 씨의 내려앉은 알통이 걱정돼서 나는 건강에 대한 질문을 자주 했다. 도장이나 사출 공장의 특성상 유해물질에 장시간 노출된 라이 씨의 몸은 괜찮을까? 나는 10분도 견딜 수 없는 이런 공장의 환경 때문에 당황한 적이 한두 번이 아니다. 그 비좁은 공간에서 엄청난 먼지가 뿜어져 나와 사람을 분간하기조차 어려웠고, 본드와 시너 냄새로 머리가 아프고 구역질이 나 참을 수가 없었다. 마스크도 제대로 쓰지 않고 일하는 이주노동자들은 늘 하얀 먼지로 뒤덮인 인간 눈사람이 된다. 그 상황을 견디지 못하고 허겁지겁 먼지가 덜 나는 곳을 찾아 헤매거나 공장 밖으로 뛰쳐나오는 것은 나뿐이다. 익숙해지면 괜찮단다. 이런 유해 환경을 개선하는 데 관심을 둔 한국 업주는 많지 않다. 아침에 한두 시간 있다가 퇴근하거나 공장에서 일하지 않는 사장이 대부분이다. 근로 환경 개선을 요구하는 집단적 목소리를 낼 수 없으니 개선될 여지가 없다. 미등록 이주노동자는 최악의 노동 환경에서 일할 수 있는, 한국에 남아 있는 몇 안 되는 노동자다. 이들이 떠나면 공장 문을 닫게 되는 것은 자명한 일이다.

라이 씨가 미등록 이주노동자로 치러야 할 또 다른 비용은 한국인과는 결코 평등한 존재가 아니라는 점을 강요당하는 것이다. 라이 씨는 '인사 예절'로 한국 문화 신고식을 치렀다. 첫 직장인 안산 공장에서의 일과는 아침 인사로 시작되었다. 라이 씨가 인사하면 어떤 한국 동료는 '고맙다'고 반응하지만, 어떤 사람은 '제대로 인사를 안 한다'고 시비를 걸었다. 라이 씨는 한국말을 잘 못했지만 시비를 거는 한국 동료를 마주할 때마다 마음속으로 화가 났다. 하지만 그는 어려운 상황에서도 유머가 담긴 저항을 할 줄 아는 사람이었다. 이후 한국인 동료를 만날 때마다 하루 종일 인사를 해댔다. 물 마실 때 만나도 "안녕하시오", 밥 먹을 때 만나도 "안녕하시오", 화장실에 갈 때도 "안녕하시오"라고 했다. 라이 씨에게 시비를 걸던 한국 동료들은 "야, 넌 머리가 꼭……. 인사는 아침에 한 번, 저녁에 한 번 해야지!" 하면서 인사하는 라이 씨를 말렸다. 라이 씨는 "우리 네팔에서는 아침저녁 두 번만 안 해요. 한번 하려고 마음먹으면 하루 종일 해야지" 하면서 유들유들하게 굴었다. 한국 동료의 인사 시비는 그 후로 없어졌다.

라이 씨는 시도 때도 가리지 않는 한국인의 욕을 들을 때 가장 화가 났다. 어떤 사람은 이유 없이 외국인을 의심하고 욕을 했다. 성실한 라이 씨도 경찰서에 붙잡혀간 적이 있다. 어느 토요일 저녁 친구를 만나러 서울에 갔는데, 감기가 심해져 슈퍼마켓에 들어가 박카스를 사서 감기약을 먹고 있었다. 그때 술 취한 한국 남자가 대뜸 "어, 얘네들 마약

한다" 하고 말했다. 감기약이라고 여러 번 설명했지만 막무가내였다. 다툼이 일어나 경찰서에 잡혀가 '한두 번 맞고 심하게 야단맞고' 풀려났다. 라이 씨는 그 이후 '눈에 띄는 행동'을 하면 안 된다는 교훈을 얻었다. 욕도 하도 많이 들어, 이제 한국 사람의 욕을 구별할 수 있게 되었다. '예쁘게 하는 욕도 있고, 기분을 나쁘게 하는 욕'도 있단다. 라이 씨가 동료의 기분 나쁜 욕에 대항하는 방법은 '되로 받고 말로 주는 것'이다. 한국 동료 중 한 사람이 늘 인상을 쓰면서 말끝마다 "씨팔" 소리를 해댔다. 라이 씨는 도저히 참지 못해, "아저씨, 내가 씨팔이면 아저씨는 이십팔, 삼십팔, 사십팔이야. 아저씨 팔십팔까지 가" 그랬더니 그 동료가 멍하니 쳐다보더란다. 라이 씨가 외국인 노동자만 보면 습관적으로 욕하는 한국인을 대하는 방법은 본인도 욕을 들으면 기분이 나쁘다는 것을 일깨워주는 것이다. 반면에 한국의 가장 좋은 미덕으로 꼽는 것은 역시 '밥'과 관련된 것이다. 그는 한국 사람이 밥 먹을 때 "많이 먹어라" 하고 말해주는 것을 좋아한다.

라이 씨 같은 외국인 이주노동자가 지불해야 하는 또 하나의 '불법'에 대한 비용은 인간적인 실망과 배신감이다. 아무리 좋은 관계에 있는 한국인 사장이나 집주인도 상황에 따라 '완전히 딴사람'이 된다. 17년 간 함께 일한 한국 사장은 라이 씨를 '가족'이라 부르지만, 집에 초대한 적은 한 번도 없다. 7년 동안 라이 씨가 세 들어 살던 동대문의 집주인과도 '가족' 같은 관계를 유지했지만 결국 보증금을 제대로 받지 못했다. 한국인은 늘 자신이 정이 많다고 주장하지만, 외국인 노동자와의 관계에서는 최대한 이익을 챙기려고 한다. 라이 씨에게 한국인의 정은 쉽게 주고, 쉽게 거두어들이는 일회용품 같다.

이주노동자 공동체의 의례와 행사는 불안정한 삶을 안정화하는 기제로 기능한다. 필리핀 공동체의 농구 대항전.

　　라이 씨는 불법에 대한 비용을 지불하면서 22년을 한국에서 살았다. '불법'이라는 낙인은 이주노동자의 사회적 존재성을 탈각시키며 범죄자로 대상화한다. 그러나 실상 미등록 이주노동자는 자신의 처지와 한계를 잘 알기 때문에 그만큼 일상을 꼼꼼하게 기획하고 실행하면서 예측하기 어려운 삶에 대응한다. 미등록 이주노동자의 집중 거주지에서는 다른 어떤 이주자 동네보다 각종 행사나 의례, 축제가 빈번하다. 이주노동자들은 출신 국가뿐 아니라 종족, 지역, 종교, 언어 등에 따른 세분화된 모임을 갖고 있다. 가구공단의 1년은 다양한 종족 공동체의 행사로 바쁘다. 필리핀 공동체의 농구 대항전이나 독립 기념 파티, 방글라데시 공동체의 이드 축제, 네팔 공동체의 추석 잔치와 돌 잔치, 생일 파티, 결혼식 등은 척박한 미등록 이주노동자의 삶에 문화적 활기를 불어넣는다. 이런 의례들은 언제 잡힐지 모르는 불안한 삶에 대항하는 정서

방글라데시 이주노동자들이 이드 축제에서 음식을 나누어 먹고 있다.　　© 성유숙

적 안정화의 기제로 매우 중요하다. 단속과 추방으로 쉽게 해체될 수도 있는 이주노동자 공동체는 자존감의 실체인 본국 문화와 축제를 함께 준비하고 공연함으로써 한국에서의 남은 시간을 공유하고자 애쓴다. 가령 방글라데시인은 이드 축제*를 상당히 오랜 시간 준비한다. 이들은 축제에 쓸 분유통 모양과 크기의 나무 모형인 담바라를 틈틈이 제작하고 여러 번 리허설을 하면서 문화적 결속을 다진다.

　이주지에서의 다양한 유혹과 비인간적인 대우를 견디는 데 도움이 되는 또 하나는 종교다. 독실한 무슬림이라면 기도 방에 가서 기도를 하고, 관리인 눈치를 보면서도 메카를 향해 다섯 번의 기도를 애써 실천한다. 가구공단의 방글라데시 출신 미혼 이주노동자는 '성적 유혹과 향락'에 빠지지 않기 위해 공장일이 끝나면 전통의상으로 갈아입고 동

● 예언자 아브라함이 자신의 아들 이스마일을 신에게 제물로 바치려 한 것을 기리기 위해 열리는 축제.

네를 활보한다. 이들은 보수적인 무슬림 남성의 권위를 내보이면서 같은 출신국 여성의 옷차림과 사생활에 대해 의견을 늘어놓는다.

네팔인 라이 씨는 1년 중 추석을 가장 고대한다. 추석 명절은 전국에 흩어져 사는 네팔 이주노동자들이 서울에 함께 모일 수 있는 기간이다. 네팔 이주자는 주로 네팔 카운슬링센터에 소속되어 있고, 출신 지역이나 동네에 따라 80여 개의 다양한 공동체에 속해 있다. 라이 씨는 '까쓰끼 패밀리' 회원이다. 추석 휴일을 맞은 동대문의 네팔 거리는 지방에서 올라온 네팔 이주노동자로 북적인다. 까쓰끼 패밀리 회원들은 추석 때 돈을 모아 네팔에서 가수를 불러왔다. 각자 50만 원, 100만 원씩 돈을 내서 초대 비용으로 쓰고 남은 돈은 네팔에 있는 학생들 장학금으로 내놓았다. 그들은 '한 사람에게라도 미래의 길을 찾아준다'는 생각으로 기부를 한다.

'성공'한 이주노동자, '실패'한 이주노동자

'불법' 이주노동자가 '성공'한다는 것은 매우 어려운 일이다. 그들은 스스로에게 인간의 존엄성을 부여하려고 하지만, 취약한 노동 환경과 물질적·정신적 소외를 경험하면서 애정과 믿음이 부족하고 무관심이 일상화된 시스템 속에 갇히게 된다. 특히 다치거나 병에 걸렸을 때 구조적으로 배제되는 미등록 이주노동자의 사회적 고통은 곧 인성의 파괴로 이어진다. 병이나 부상으로 인한 경제적 어려움은 송금을 불가능하게 만들고, 이는 곧 가족의 재생산을 책임질 수 없음을 의미하기 때문에 더 이상 본국 가족의 사랑과 존경을 기대할 수 없게 된다. 이들은 불법적 지위로 인해 유입국에서의 가난과 본국 가족의 빈곤 모두를 동시에 경험하는 '구조적 폭력'의 희생자다.* 이주노동자에게 성공은 단순히 '돈을 번다'는 의미만은 아니다. 성공은 노동 능력, 자신의 몸과 정신을 건강하게 유지하는 노하우, 필요한 도움을 요청할 수 있는 지원기관의 선택과 관계 유지, 단속과 추방에 대비할 수 있는 거주지, 심리적 안정감을 획득할 수 있는 동료들과의 친밀감 등 유입국에서 할 수 있는 모든 노력을 필요로 한다. 또한 돈 관리 능력, 번 돈으로 저축을 할 것인지 집을 살 것인지 등의 투자의 방식, 동거나 결혼의 시기와 방식, 자녀의 출산과 교육 문제 등 미래에 대한 개인적 대응 노력도 성공의 필수 요소다.

라이 씨는 성공한 이주노동자가 되기 위해 지난 22년간 자신만의 규칙을 만들어 이를 지키고자 애썼다. 적령기를 놓치지 않고 결혼하고, 돈을 모아 적절한 때 송금해서 집을 사고, 아이들을 좋은 학교에 보냈다. 유해가스가 가득한 공장 안 숙소에서 우유죽 같은 음식을 스스로 만들어 먹고 술도 적당한 정도로 마신다. 일이 끝나면 공장을 나와 인근 지원센터에서 운동을 한다. 고된 노동을 끝내고 녹초가 될 법도 하지만 귀국할 때 건강한 상태를 유지하기 위해 운동에도 게으르지 않다.

가구공단에는 이른바 '실패'한 이주노동자도 많다. 외로움 때문에 술에 의존해 살다가 알코올 중독이 돼서 더 이상 일을 못하게 된 사람, 산

---

* Nicholas Walter·Philippe Bourgois·H. Margarita Loinaz, "Masculinity and undocumented labor migration: injured Latino day laborers in San Francisco", *Social Science & Medicine* 59(6), 2004, pp.1159~1168.

재를 입어 병원 치료에 긴 시간을 보내는 사람, 심지어 시신이 되어 고향으로 돌아가는 사람도 있다.

네팔의 라이 씨 동네 사람들은 그가 타국에서 일해 집을 사고 아이들을 교육하기 때문에 '성공'한 사람이라고 생각한다. 하지만 라이 씨는 잃은 것이 너무 많다고 말한다.

한국에 체류하는 동안 두 명의 한국 대통령을 잃었고, 많은 친구들이 병 때문에 혹은 추방을 당해 한국을 떠났지요. 나는 건강과 체면을 잃었어요. 네팔에 계신 부모님이 아파도 찾아뵙지 못했고, 작은아버지가 돌아가셨을 때는 장례식에 참여하지도 못했어요. 네팔에 있는 형들에게도 인사를 못해 도리를 다하지 못했어요. 무엇보다 네팔에서 자연재해로 친척들이 죽었을 때는 아무 일도 할 수 없었지요.

라이 씨는 아내와 아이들에게는 새집과 교육을 선사했지만, 자신의 부모형제와 친척에게는 딱히 해준 것이 없다. 이주노동자로서의 물질적 성공이 명예를 지켜주는 것은 아니다. 그럼에도 이주의 목적은 경제적으로 풍요로운 삶이기 때문에, 이주노동자는 그가 고향에서 이룬 가시적인 성과물에 의해 평가받는다. 집 지을 땅을 사고, 집을 짓고, 가구와 전자제품으로 집 안을 채우는 일은 지속적인 노동과 오랜 기간의 저축을 필요로 한다. 이후 아이들의 교육비를 지불하고 귀환 후 할 사업의 기반을 닦는 일련의 과정에는 더 많은 저축과 송금이 필요하다. 이른바 '성공'한 이주자의 이상을 달성하기 위해 많은 이주노동자들은 지속적으로 귀환을 유보한다. 그러나 이 유보로 인해 오랜 고립과 외로움을 견디지 못해 결국 '실패'한 이주노동자가 되기도 한다.

본국의 높은 실업률과 저임금 상황이 개선되지 않는 한, 미등록 이주
노동자는 가능한 한 오랫동안 한국에 체류하기를 원한다. "미등록 이주
노동자의 삶이란 불안하고 위태롭지만, 그래도 '여기에는' 일자리가 있
다"라는 생각 때문이다.* 귀환 시기의 결정도 이주자가 선택할 수 있는
것이 아니다. 라이 씨도 몇 번 귀환을 결심하고 실천하려던 때가 있었
다. 돼지막에서 일해 포카라에 집을 산 후 귀국하고 싶었지만, 집 안에
들여놓을 인테리어 비용을 벌기 위해 2년 정도 더 일하기로 했다. 이후
다시 귀국하려고 했지만 이번에는 부모형제가 말렸다. 2004년 네팔 정
부군과 마오이스트 반군 사이의 내전 때문에 수도 카트만두를 제외하
고는 전 지역이 무법천지가 되었고, 파업령이 내려졌다. 파업을 네팔어
로 '번다'라고 하는데, '바퀴 달린 모든 것은 멈춰라'라는 뜻이다.** 번다
를 무시하고 가게를 열면 위협을 받을 수 있었고, 한국에서 일하다 온
것을 알면 마오이스트 반군이 돈을 내놓으라고 협박하는 경우가 비일
비재했다. '빨리 돌아오라'고 말하던 부모님은 '오면 돈을 다 빼앗긴다'
며 오히려 1~2년 더 있다 오라고 했다.

아내와 아이들이 귀국한 2005년 이후 라이 씨는 적극적으로 귀환을
준비했다. 그러나 그때마다 사장이 라이 씨의 발목을 잡았다. "네가 가
면 나는 공장 문을 닫을 수밖에 없다", "내가 빚이 많은데 네가 가면 나
는 어떻게 사냐"하며 공장 사장은 '1년만 더'를 몇 년째 요구하고 있다.

● 이세기, 『이주, 그 먼 길』, 후마니타스, 2012, 116쪽.
●● 이란주, 『아빠, 제발 잡히지 마: 끝나지 않은 이야기, 이주노동자들의 삶의 기록』, 삶이보이는창, 2009,
   206~208쪽.

라이 씨도 사장의 요구를 뿌리치지 못한 채 네팔의 가족들에게 "1년만 더"라고 말해왔다. 라이 씨는 내게 2012년 말에는 귀환할 것이라고 했지만 여전히 이곳에 있다. 사장은 자신의 요구를 수용하면 퇴직금과 비행기 요금까지 제공한다는 조건으로 라이 씨를 붙잡고 있고, 라이 씨는 사장의 요구를 거절할 경우 상당히 큰돈인 퇴직금을 못 받을까봐 귀환을 유보하고 있었다.

많은 이주노동자가 귀환 시기, 즉 그들의 땀과 노력의 성과물인 멋진 고향집에서 살게 되는 때를 정하지 못한다. 돈을 모으는 속도보다 본국의 땅값과 집값, 교육비의 오름세가 더 빠르고, 그럴수록 이들의 귀환은 계속 지체된다.

미등록 이주노동자의 사회적 장소

'불법' 이주노동은 비자 통제를 통해 이주노동자를 관리하고자 하는 국가 권력이 만든 범주다. 하지만 국가 권력의 규정과는 다르게 현실의 미등록 이주노동자는 우리와 마찬가지로 특정 지역에 거주하고 노동하며 소비하는 등의 활동을 통해 지역의 생산과 재생산 과정에 참여하는 주민이다. 이들은 '미등록 이주노동자'로서가 아닌, 일상적 거주민, 노동자, 세입자, 소비자, 신자, 공동체 일원이라는 구체적 정체성을 통해 자신을 표현한다.* 즉 '어떤 사업장에서 무슨 일을 얼마나 오랫동안 성실하게 해왔는가? 어디에서 누구와 살고 있는가? 인간적 평판은 어떠한가? 본국과의 관계는 어떠한가? 종교생활은 충실히 하는가? 공동체에 얼마만큼 기여하는가? 지원기관과의 관계는 어떠한가?'와 같은 일상적인 이야기가 이주노동자의 정체성을 구성하는 주요한 주제가 된다.

이민 국가인 미국과 유럽에서 미등록 이주노동자에 대한 사회적 논의는 이주를 차단하거나 이주노동을 합법화하거나, 둘 중 하나에만 초점을 맞춰왔다. 국경 단속을 강화하고 불법 이주자를 처벌하자는 한 축과 미등록 이주노동자 신분을 합법화하고 이주법 체계를 개선하자는 반대축이 그것이다. 이 두 의견은 언제나 첨예하게 대립해왔는데, 각각의 논리 또한 모두 그럴듯하다. 그러나 '국경 장벽 대 사면'이라는 틀은 미등록 이주노동자에 대한 근본적인 물음, 즉 '왜 전 세계적으로 미등록 이주노동자가 증가하고 있는가'라는 질문을 차단한다.** 미등록 이주노동자는 언제든지 추방할 수 있고, 동시에 열악한 노동 조건과 저임금을 주면서도 복지나 사회 통합을 위한 비용을 지불하지 않아도 된다는 점에서 가장 '효율적인' 노동력이다.*** 국가 간의 경쟁이 심화되는 신자유주의 시대의 글로벌 노동 유연화를 위해 각국 정부는 이들의 존재를 묵인하고 방관하기도 한다. 미등록 이주노동자 없이는 영세 자본가도, 영세 자본을 착취하며 영리를 획득하는 대자본가도 있을 수 없다.

우리는 소비자로서 이들의 싼 임금에 의지해 만들어진 상품을 구매하고 쉽게 버린다. 우리 삶의 전 영역은 미등록 이주노동자의 노고와

● Engin F. Isin, *Being Political: Genealogies of Citizenship*, University of Minnesota Press, 2002; Anne McNevin, "Irregular migrants, neoliberal geographies and spatial frontiers of 'the political'", *Review of International Studies* 33(4), 2007, pp.655~674에서 재인용.

●● 링쿠 센·페칵 맘두, 배미영 옮김, 『국경의 로큰롤』, 이후, 2012, 12~14쪽.

●●● 김현미, 「국경을 넘는 노동자들과 이주 통행세」, 『친밀한 적』, 이후, 2010, 88쪽.

비인간적 대우에 의존하며 영위되고 있다. 따라서 미등록 이주노동자를 추방할 것인가, 사면할 것인가를 결정하는 판단자로서 우리를 위치시키기보다는, 왜 이들이 우리 곁에 남아 있는가를 질문하는 것이 더 중요하다.

라이 씨는 새해의 꿈이 무엇이냐는 질문에 '꿈을 잘 꾸지 않는다'고 답한다. 꿈이 잘 이루어지지 않는단다. 대신 다음과 같은 말로 22년간 자신이 한 일에 대해서 한국 사회가 인정해줄 것을 요청하고 있었다.

> 내가 만든 상품은 박스에 '메이드 인 코리아'라고 쓰여 나가죠. 불량이 전혀 없어요. 내가 사장님께 "이거 내가 다 했는데, 메이드 인 코리아 그리고 엔지니어는 네팔 '불법 사람'이라고 써요" 했지요.

나의 집은 어디인가
조선족 동포의 고향/타향살이

우리 가까이 그러나 보이지 않는

나 태어나 이 세상에 조선족 되어
불법 체류 강제 추방 수난의 세월
무엇을 하고프냐 무엇을 바라느냐
동포답게 살고 싶다
동포로 인정하라
아! 꿈에 그린 완전한 자유왕래
동포법 개정하여 평등하게 살아보자!

재한조선족연합회 문화활동센터에는 '자유왕래, 동포법 개정'을 주장하는 슬로건이 걸려 있다. 이 슬로건은 위의 〈조선족의 노래〉에도 담겨 있다. 〈조선족의 노래〉는 〈늙은 군인의 노래〉를 개사한 것인데, 동포들이 시위 때마다 부른다. 연합회 총무는 "중국에서는 어려서부터 평등사상을 배웠는데 자본주의 사회인 한국에 오니 돈과 교육에 따라 격차를 만들어내며", 이런 곳에서 조선족*은 사람 취급을 못 받는다고 말한다.

조선족은 1980년대 중후반부터 한국에 유입되어 외국인 노동자가 되었다. 이들은 30년 이상 한국의 생산 및 재생산 분야의 저임금 노동을 담당해왔다. 먹는 음식, 집과 도로, 편의를 제공하는 각종 서비스 등 전 영역에 조선족 이주노동자의 노동이 들어가지 않는 곳이 없을 정도로 한국인의 삶과 깊숙한 관련을 맺고 있다. 조선족 이주노동자는 한국인의 희로애락을 가장 가까이서 돌보며, 사회적 재생산의 기저를 만드는 사람들이다. 조선족 중년 여성은 '이모'로 불리며 한국의 가정집, 식당, 병원, 요양원, 찜질방 등지에서 아이를 기르고, 서빙을 하고, 환자를 돌보고, 때를 밀고 청소를 한다. 조선족 남성은 아파트 단지, 올림픽 주경기장, 월드컵 축구장, 4대강 공사장, 냉장 창고에서 방화대교에 이르기까지 건설과 관련된 모든 곳에서 가장 위험하고 힘든 일을 한다. 조선족 건설 인부들은 각종 사고에 단골로 등장하는, 충분히 애도받지 못하는 사자死者가 되기도 한다. 총 산재 사고의 약 76퍼센트를 차지하며, 하루에 조선족 여섯 명 정도가 사망한다.**

현재 한국에 살고 있는 64만 조선족 동포가 없다면, 수많은 한국인 가정은 당장 아이 돌볼 사람이 없어 부모들의 출근 거부가 잇따르고, 간병인이 사라진 병원은 아수라장이 될 것이다. 식당은 일손이 부족해 한정된 시간에만 음식을 내놓을 것이고, 건설 공사는 당장 중단될지 모

- '중국동포', '재중동포' 등으로 부르기도 하지만, 이 글에서는 조선족 출신 학자들의 호명체제를 따라 '조선족'으로 기재한다.
- 산업재해 예방 안전보건건강, 2012년 8월 보도자료와 조선족 사이트(www.zoglo.net) '중국동포 산재 이야기'에 인용된 수치로, 이해응, 「중장년 조선족 이주 여성의 노동 경험과 탈구적 삶에 관한 연구」, 이화여자대학교 여성학과 박사학위 논문, 2013, 3쪽에서 재인용.

른다. 한국 사회 내부의 가장 필수적이지만 '보이지 않는' 노동을 수행하는 이주자가 바로 조선족이다. 조선족의 노동에 가장 많이 의존하고 무엇보다 같은 민족으로 의사소통의 어려움도 없는 한국인과 조선족은 서로에게 감정적으로 친근한 존재인가? 왜 조선족 이주노동자는 차별과 무시의 대상이 될까? 이들의 '동포답게 살고 싶다'는 말은 무슨 의미일까? 이들이 원하는 동포다운 삶은 어떤 것일까?

한국의 최대 이주 집단인 조선족은 이주 정책이 채 구비되기도 전에 한국에 온 1세대 이주자다. 이들은 '불법 이주 단속과 적발, 비자 위조를 통한 한국행 러시, 각종 이주 관련 취업 사기의 피해자' 등 한국 이주사의 비공식적인 '어두운 시대'를 가장 많이 경험한 사람들이다. 2007년 방문취업제와 동포 비자의 확대로 대규모의 조선족 이주자가 처음으로 합법적 체류를 보장받게 되었고, 최근에는 재외동포 자격으로 또는 국적 회복을 통해 한국에 장기간 정주하는 조선족이 급증하고 있다.

조선족은 한국어를 구사하는 동포라는 이유로 다문화 지원 정책의 수혜에서 배제되었고, '불법' 체류자로 살아야 했던 오랜 생존 습관이 결합되어 독특한 이주 문화를 형성했다. 조선족 시장과 음식점, 주거시설이 결집된 조선족 마을이 만들어졌고, 친척, 고향 친구, 학연에 의존한 사회적 연결망을 통해 일자리를 찾고 체류 관련 정보를 얻는 등 '자생적 생존집단'이 꾸려졌다. 이를 통해 조선족은 한국인의 무시와 차별에 대항하고, 타향살이의 외로움을 함께 나눈다. 그러나 바로 이러한 내부적 결속이 때로는 이들을 다단계 거래와 보이스피싱을 포함한 각종 돈벌이, 사기와 범죄의 위험에 노출시키기도 하고, 또한 한국인과의

거리감을 만들어내기도 한다. 사회주의에서 시장경제로의 급격한 체제 변화를 경험한 조선족은 이주를 통해 경제 위기를 해결하고자 했지만, 한국 사회에서 강요된 주변자적 위치와 차별 때문에 증층적인 삶의 불안정성을 경험하게 되었다.

흩어지고 모이고, 개척민 정신

조선족은 중국의 동북삼성(길림, 요령, 흑룡강)과 내몽골 지역에 살고 있는 한민족 동포로, 중국 55개 소수민족 중 하나다. 이들 대부분이 19~20세기에 만주 지역으로 이주해간 조선 농민의 후손이다. 19세기 초 조선인이 만주 지역으로 진출하게 된 것은 청나라의 봉금정책이 완화되면서부터다. 조선인의 간도 이주는 함경도 일대 농민이 기아를 못 이겨 청나라가 제공한 개간 지역으로 이주하면서 규모가 커졌다. 이후 1910년 국권피탈 이후 항일 투쟁을 위해 만주로 이주했고, 1920년대에는 일제의 양곡 수탈로 토지와 가옥을 빼앗긴 경상도 주민들이 대규모로 이주했다. 일제는 1931년 만주사변 이후 만주를 식량기지화하기 위해 만선척식회사 등을 통해 경상도 등지에 거주하는 농민을 개척단이란 이름으로 중국 동북 지방에 대규모로 강제 이주시켰다. 1945년에는 그 수가 216만 명에 이르렀다. 해방이 되어 일부는 고향으로 돌아왔으나, 만주 내륙 깊숙이 이주했던 경상도 출신 이주자들의 귀국 비율은 낮았다.[*]

　1947년 중국공산당의 토지 분배가 시작되면서 조선족도 정착하게 된다. 사회주의 국가 계획경제 체제의 엄격한 인구 정책과 호구제도 때문에 조선족은 '안전농촌'이라는 자치구에 정박되어 사회주의 집단노동 공동체와 민족 정체성을 함께 유지할 수 있었다.[**] 조선족은 중국의 항일 투쟁에 함께 참여하고, 척박한 동북 지역에서 벼농사를 성공시켰다는 점 때문에 '모범 소수민족'으로 꼽힌다. 조선족의 자부심도 바로 이런 역사적 경험에서 비롯된다.

1980년대 중후반부터 고국의 친지 방문 프로그램이 성사되면서 남한에 친척이 있는 사람들은 초청장을 받아 한국 땅을 밟게 되었고, 이것이 곧 대규모 이주를 촉발하는 시작이 된다. 그리고 중국에서 가져온 한약으로 돈벌이에 성공한 조선족의 소식이 전파된 것과 1988년 신도시 건설 경기의 부흥으로 건설 현장의 인력 수요가 높아진 것이 조선족의 한국 유입을 폭발적으로 증가시킨 요인으로 지적된다.[***] 하지만 무엇보다 조선족의 이주를 촉진한 요인은 중국의 개혁개방과 시장화로 사회적 재생산 영역이 급격히 시장화된 일이다. 정부가 제공하던 일자리가 없어지면서 실업자가 증가했고, 교육, 공공서비스 등이 상품이 되면서 현금이 필요하게 되었다. 중국 인민은 시장이 만들어낸 위기를 개별적 전략과 모험심으로 극복해야 했다.[****] 조선족은 지역, 계층, 지위를 막론하고 '이주 바람'에 휩쓸려 고향을 떠났다. 시장경제 전이로 인

● 정근재, 『그 많던 조선족은 어디로 갔을까?』, 북인, 2005, 238~244쪽.
●● 신현준 엮음(성공회대학교 동아시아연구소 기획), 『귀환 혹은 순환: 아주 특별하고 불평등한 동포들』, 그린비, 2013, 31쪽.
●●● 이혜경·정기선·유명기·김민정, 「이주의 여성화와 초국가적 가족」, 『한국사회학』 40(5), 2006, 268쪽.
●●●● 왕샤오밍, 「'대시대'가 임박한 중국: 문화연구 선언」, 왕후이 외, 장영석 옮김, 『고뇌하는 중국: 현대 중국 지식인의 담론과 중국 현실』, 도서출판 길, 2006, 382쪽.

한 사회주의 국가 안전망의 퇴보와 이에 따른 사회적 재생산의 위기를 극복하고자 이들이 선택한 것은 이주였다. 특히 개혁개방과 시장화 과정에서 소외된 조선족 농민은 급격한 경제 성장을 이룬 '고국'을 발견하고 이주를 감행한다.

1992년 한중수교 이후 남한 사람은 중국으로 가고, 조선족은 한국으로 몰려왔다. 한국으로 이주한 조선족의 송금이 유입되면서 침체되었던 조선족 자치구에 소비심리가 급속히 팽창했고, '성공 신화'가 넘쳐났다. 문제는 한국으로의 이주 바람이 불었지만, 정식 통로가 없었다는 점이다. 이 때문에 어떤 수단과 방법을 동원해서라도 이주하고자 하는 심리가 증폭했고, 이를 대행하고 중개하는 브로커가 양산되었다.[•] 순박한 조선족은 주로 남한 출신 브로커에게 큰돈을 지불하고 위명여권(이름이나 나이가 다른 여권)을 구매하거나 결혼이주자의 부모로 신분을 위장하는 등 '가능한' 모든 방법을 동원했다. 조선족의 대규모 이주는 국가나 법보다는 상업적 중개업에 의존한 형태로 진행되었고, 이 과정에서 조선족 대상 이주 산업이 폭발적으로 증가했다. 2005년 한국 정부는 한국에 불법으로 체류하는 조선족을 줄이기 위한 자진 출국 프로그램을 실시하는 한편, 2007년 이후 연고가 없는 동포에게도 3년에서 5년까지 자유롭게 한국을 방문해 취업할 수 있는 기회를 제공하는 방문취업제를 실시했다. 이로 인해 수많은 조선족 이주자가 합법적으로 체류할 수 있는 기회가 마련되었다. 2017년 기준 국내에 체류하는 재중동포는 66만 명으로, 이는 총 외국인 이주자의 32퍼센트에 달한다.[••]

[•] 박광성, 「세계화 시대 중국 조선족의 노동력 이동과 사회 변화」, 서울대학교 사회학과 박사학위 논문, 2006.

조선족은 흩어지고 모이고를 반복하면서 가는 곳마다 종족 마을을 만들어 언어와 문화를 유지했다. 한국 내 조선족 집단 거주지에서 흔히 볼 수 있는 상점 간판들.

한국 사람은 조선족이 한국으로만 몰려온다고 생각하지만, 실제로 조선족은 전 세계 88개국 이상의 국가에 진출하고 있다. 일본, 북미, 러시아, 유럽, 호주, 아르헨티나 등지에 60만~65만 명에 이르는 조선족 이주자가 산재해 있다. 조선족의 인구 이동이 시작된 이후 20여 년간 총 인구의 60퍼센트가 원거리 이주에 참여한 셈이다.●●●

조선족의 이주 동기와 정착지에 따라 직업과 계층 또한 다양하다. 예를 들어 한국과 달리 1980년대 일본에 진출한 조선족은 대부분 유학생이었고, 이들은 대개 현재 일본에서 대학교수나 기업의 중역으로 일하

●● 출입국 외국인정책본부, 2017 통계자료. http://www.immigration.go.kr.
●●● 박광성, 「세계화 시대 조선족을 이해할 수 있는 핵심적 키워드들」, 『미드리』 6, 2011, 75쪽.

고 있다.[•]

조선족의 대규모 이주는 한인의 개척민 정신과도 깊은 관련이 있다. 19세기 기아에서 벗어나고자 간도로, 일제강점기에는 항일운동과 강제 노동 동원으로 중국 동북부 지역으로 이주한 조선족의 역사에서 보듯, 조선족은 흩어지고 모이고를 반복하면서 가는 곳마다 종족 마을을 만들어 언어와 문화를 유지했다. 실제로 중국의 연해 도시와 글로벌 도시 (서울, 뉴욕, 도쿄, 런던, 파리, 시드니) 등지에서는 조선족의 집중 거주지를 쉽게 찾을 수 있다. 전 세계에 조선족 인구의 재배치가 활발하게 일어나고 있는 것이다. 마찬가지로 방문취업제 실시 이후 한국 사회에 조선족 이주자가 급증하면서 가리봉동의 '연변타운' 외 여러 지역에 조선족 집중 거주지가 만들어지고 있다. 이들은 혈연과 지연에 기초하여 '연쇄 이동'을 하고, 이동지에서 새로운 '파생적 공동체'를 형성해간다.^{••} 조선족의 개척민 정신과 정체성 보존 의지가 결합되면서 조선족 마을이 전 세계에 생겨나고 있다.

아래로, 아래로, 하향 평준화되는 삶

방문취업제로 한국에 와 있던 김소산 씨는 2009년 나와 만났을 당시 46세였다.^{•••} 그는 일자리를 찾지 못해 잠시 구로의 쉼터에 머물고 있

● 권향숙, 「일본 사회와 중국 조선족: 디아스포라 연구를 위한 몇 가지 기초적인 분석」, 『미드리』 6, 2011, 44쪽.
●● 박광성, 「세계화 시대 조선족을 이해할 수 있는 핵심적 키워드들」, 『미드리』 6, 2011, 76쪽.
●●● 김현미, 「방문취업 재중동포의 일 경험과 생활세계」, 『한국문화인류학』 42(2), 2009, 35~75쪽.

나의 집은 어디인가: 조선족 동포의 고향/타향살이   101

었는데, "중국에서 고되고 힘든 일을 안 해봤기 때문에 한국에서의 삶이 아주 힘들다"고 했다. 중국에서 5년간 교사생활을 한 후 19년 동안 은행에서 일한 김소산 씨는 간부로 재직하다 '내부 퇴직'을 했다. 그는 2001년과 2006년 연변의 출판사에서 시집을 낸 시인이기도 하다. 그의 시집은 2006년 한국에서도 출간되었다. 그는 자신의 시를 주로 "인간됨의, 그리고 삶의 본질을 파헤치는 내용"이라고 설명했다. 시인이며 은행 간부였던 김소산 씨는 한국 이주 9개월 후 "중국도, 한국도, 결론적으로 말하자면 살맛이 없다(안 난다)"라고 말한다.

그는 딸의 교육과 노후 자금 마련을 위해 '더 늦기 전에' 한국에 왔다. 중국에서 브로커나 한국 사람에게 사기당하는 조선족을 너무 많이 봐왔기 때문에 한국에 친척이 없는 무연고 동포들도 송출 비용을 들이지 않고 한국어능력시험만으로 한국에 올 수 있다는 방문취업제에 대해 그는 처음에 반신반의했다. 그러나 방문취업제에 '당첨'되었을 때는 축하잔치를 할 정도로 굉장히 기뻐했다. 방문취업제 도입 이후 중국에서 '먹고사는 데는 큰 어려움이 없는' 조선족에게도 다시 이주 바람이 불었다. 김소산 씨 같은 중장년 조선족은 '늙어서 자식에게 폐를 끼치고 싶지 않아서' 한국에 온다. 무엇보다 연변 지역에서는 한국에 갔다 오지 않으면 대화에도 못 끼일 정도로 스트레스를 많이 받기 때문에 일단 한국행을 신청해놓고 운을 믿어보자는 심정으로 사는 사람이 많다.

연길 출신인 김소산 씨는 한국에 나와 있는 친척이 많았기 때문에 별로 걱정하지 않았다. 그러나 한국에서 만난 친척들이 잠자리나 직업 부탁을 들어줄 만한 처지가 아니라는 것을 곧 알게 되었다. 희망 직종을 연결해준다는 산업인력공단의 전화를 기다렸지만 아무런 연락도 받지 못했다. 입국 이후 두 달 동안 일을 얻지 못해 집을 떠날 때 가져온 돈 200만 원을 다 써버렸다. 그 후 김소산 씨는 직업소개소와 아는 사람을 통해 일당제로 여러 가지 일을 전전했다. 서울 미아리의 뱀장어 집에서 장어 껍질 벗기기(19일), 형 친구 소개로 일한 강릉에서의 수영장 청소(45일), 수원의 종이 박스 공장일(반나절), 문경에서의 곶감 포장(반나절), 재활용 비닐 제조 공장일(반나절), 구로디지털단지의 공장일, 홍익대학교 근처의 사우나 청소(세 달), 백운계곡 식당에서의 음식 서빙(50일). 그가 가장 오래 한 일은 사우나 청소였는데, 이곳에서도 '심양 사람 쉰두 살, 예순세 살 먹은 사람과 함께 서이(셋)서 지하부터 3층까지 청소를 하고 점심도 못 먹고 선잠을 자는' 24시간 서비스 노동자의 삶을 살았다. 그는 한국에 들어온 지 10개월 만에 한국에서 가장 주변적인 위치로 전락한 것 같다고 말했다.

구정에 절간에 가서 밥 먹었어요. 그때 제가 속으로 눈물을 흘렸어요. 중국에서는 춘절에 열흘에서 보름까지 잘 쉽니다. 근데 제가 갈 데가 없어, 법당에 와서 밥을 얻어먹을 줄 누가 알았겠어요.

중국 대륙 어디 안 가본 곳이 없을 정도로 여행을 즐기며 시를 썼다는 김소산 씨는 빌딩 경비나 아파트 수위 일 등 '힘 팔지 않는 직종'을 동포들에게 조금만 늘려 개방했으면 좋겠다고 말한다.

김소산 씨의 경험은 한국에서 조선족에게 개방된 노동의 성격과 그 문제점을 잘 보여준다. 조선족은 중국에서의 직업이나 학력과 상관없이 한국에서는 조선족에게 법적으로 할당된 단순노무만을 할 수 있다.

방문취업제는 최대 5년간 자유로운 왕래를 보장하지만, 조선족 이주노동자는 취업 직종을 마음대로 선택할 수 없다. 취업 허용 업종이 제조업, 건설업, 농축산업, 서비스업에 제한되기 때문이다. 그러나 한국을 제외한 전 세계 88개국에 이주한 조선족은 그 사회가 이주자에게 제공하는 다양한 기회와 사회적 참여를 통해 여러 직종으로 진출한다.

한국에 온 조선족은 집단적으로 하향 평준화되는 삶에 불만을 갖지만, 중국의 몇 배나 되는 임금 때문에 현재의 열악한 조건을 수용한다. 중국에서는 출신, 계급, 학력에 따라 하는 일에 차이가 있지만, 한국에 오면 누구나 '힘쓰는, 뼈 빠지는 일'을 해야 하기 때문에 그들의 전문성과 재능을 드러낼 길이 없다. 치과의사 아들을 둔 간병인 차순례 씨는 연길시에 병원을 차리기 위해 아들도 한국에 올 것이라고 말한다. 그녀는 아들이 한국에 오면 공장일을 해서 돈벌이하는 것을 당연하게 생각했다. 중국에서는 전문직 종사자지만 한국에 오면 육체노동자로 변화해야 한다는 점을 자연스럽게 받아들이고 있었다.

한국은 '제 살 깎아 돈 버는 곳'

방문취업제로 일하는 조선족 중에는 한국을 처음 방문한 사람도 있었고, 한국에서 일하는 도중 중국에 돌아갔다가 다시 온 경우도 많았다. "왜 다시 한국으로 오게 되었느냐?"라는 질문에 대부분 한국의 임금과 중국의 노동단가 사이의 격차를 극복할 수 없었기 때문이라고 말한다. 한국에서는 '자기 몸을 깎듯이' 힘들게 일하지만 즉각적인 경제적 보상

안산 다문화 특구 지도. 조선족을 대상으로 하는 기관이 보인다.

이 뒤따른다. 중국에서 구할 수 있는 일은 상대적으로 임금이 낮아 만족할 수가 없기 때문에 차라리 일을 하지 않는다. 그렇기에 중국에서의 생활은 그냥 놀고 쉬는 것이다. 인터뷰 당시 식당일을 했던 이소분 씨는 한국으로 재입국할 수밖에 없었던 이유를 다음과 같이 말했다.

> 중국에 있던 사람들 모두 마음은 한국에 와 있어요. 나도 한국에 나올 날만을 기다렸어요. 중국에 들어가니까 죽게 앓았어요. 특별하게 아픈 데는 없는데 맥이 없고 밥맛도 없었어요. 중국에서는 아무것도 안 하고 번 돈 까먹기만 했어요. 그러니까 나오기를 기다리면서 놀았지요.

중국에서의 체류는 '돈을 까먹는 시간'이자, 몸을 회복하는 시간이다. 이들은 불안감을 없애기 위해서라도 한국에 다시 와 일을 할 수밖에 없다고 한다. 한국에서 아플 때는 중국에서 갖고 온 약을 먹거나 친척에게 약을 보내달라고 해서 먹지만, 자기 병이 정확히 무엇인지 진단을 받고 치료하는 경우는 드물다. 설사 병명을 알아도 시간이 없고 의료비가 비싸다고 생각해서, 한국에서 치료를 받지 않는다. 조선족 사이에는 중국에 들어오자마자 암이나 질병으로 갑작스럽게 죽은 사람들이야기가 화제다. 동포들은 한국에서는 몸을 써서 돈을 벌고, 중국에서는 치료를 받아 쓸 만한 몸을 만들어 다시 한국에 오는 삶을 반복했다. 한국에 온 이후에는 중국에서 그만큼의 시간 동안 놀고 치료에 사용한 돈을 다시 벌어야 한다는 생각에 악착같이 일하게 된다. 이해응은 조선족 중장년 여성이 몸의 아픔을 말로 표현하지 못하는 것은 '일할 자유'를 스스로 원하고 선택한 것이라 고통도 개인이 알아서 처리할 문제로 바라보기 때문이라고 해석한다.[•] 조선족은 노는 곳과 돈 버는 곳 사이를 부지런히 왕래하며 '몸노동자'로서 최대한의 잉여를 창출해야 한다. 이러한 이중적인 공간 개념과 이주 기간 제한에 따른 압박 때문에 이들은 한국에서의 노동 조건을 문제삼지 않은 채 닥치는 대로 일하고 있었다. 동포들은 하루에 최소한 열두 시간 이상 노동하고, 한 달에 2~3일 쉬는 경우가 대부분이었다.

방문취업제는 조선족에게 한시적 자유왕래의 기회를 제공했지만, 노동자로서의 사회적 권리는 부여하지 않았다. 방문취업제는 이런 점에서 이주자의 '수'는 확대하지만, 그 대신 노동자나 이주자로서의 다른 제반 권리에 대해서는 개입하지 않는다는 '수-권리 상쇄numbers vs. rights

---

• 이해응, 「중장년 조선족 이주 여성의 노동 경험과 탈구적 삶에 관한 연구」, 이화여자대학교 여성학과 박사학위 논문, 2013, 3쪽.

trade-offs 제도'의 성격을 띤다.* 방문취업제는 동포들의 취업 허용 업종을 제조업, 건설업, 농축산업이나 서비스업 등에 제한한 점, 구직과 취업에 대한 체계적인 지원이나 관리가 없고 이들의 취업을 전면적으로 개인에게 맡긴다는 점에서 '노동 유연화'를 증폭시키는 성격을 갖는다. 즉 조선족 이주노동자의 수를 늘리도록 허용하는 대신, 그들의 정착이나 안전한 노동을 위한 제도적 장치는 제공하지 않는다. 일 때문에 다치거나 아프면, 중국에 돌아가 알아서 치료를 해야 한다. 한국에서는 아무도 그들을 돌보지 않는다. 조선족의 사회적 기여에도 불구하고 노동력 재생산을 위한 사회적 지원을 제공하지 않는 제도라는 점에서 방문취업제는 전 지구적 노동 유연화의 한 형태다.

'성공'과 '나쁜 습관'

조선족은 중국과 한국이라는 초국적 장을 횡단하며 이주노동자의 정체성을 구성한다. 조선족 이주 서사의 한 축은 이주노동을 통해 획득한 경제적 자원으로 중국에 주택을 마련하고 아이들을 좋은 학교에 진학시키거나 유학을 보내는 등의 '성공 스토리'다. 또 다른 한 축은 한국에서의 차별, 문서 위조를 통한 입국, 브로커의 사기, 이혼, 타지에서의 외로움과 두려움 등으로 인한 상실의 경험으로 구성된다. 이 두 스토리는 한 사람의 이주 생애 속에서 교차되기도 하고, 분리되기도 한다. 이

• Martin Ruhs·Philip Martin, "Numbers vs. Rights: Trade-Offs and Guest Worker Programs", *International Migration Review* 42(1), 2008, pp.249~265.

주를 '성공'과 '실패'로 설명할 때 가장 관건이 되는 것은 이주를 통해 획득한 경제적 자원이 제대로 '순환'되었는가의 여부다. 이른바 전형적인 성공 스토리는 이주노동으로 모은 돈을 중국의 부동산으로, 자녀 교육 향상이라는 문화자본으로 재투자하여 좋은 결과를 낳는 경우다. 준비된 '노후' 또한 중요하다. 길림성의 '제일 시골'인 지역에서 농사를 짓던 홍분희 씨는 2003년에 한국에 와서 식당일을 했다. 그녀가 방문취업제로 재입국했을 당시 나이는 52세였다. 3년 뒤에 입국한 남편은 줄곧 건설 현장에서 일하고 있었다. 그녀는 전형적인 성공 스토리의 주인공이다.

딸은 대련에서 대학을 나와 현재 일본의 IT 관련 회사에서 일합니다. 나랑 아저씨(남편)가 나중에 들어가 살려고 대련에 큰 아파트를 장만했습니다. 이번에 우리 아저씨가 (중국에) 들어가서 안(실내)도 다 꾸몄어요. 안을 꾸미는 것은 '한국식'으로 했습니다. 한국식이 아무래도 보기가 더 좋고 그만큼 돈도 더 듭니다. 벽도 중국식은 하얀 회벽을 만들어 기름칠을 하는 것이 보통인데 우리는 한국식으로 벽지를 발랐습니다. 우리 아저씨가 한국에서 아파트 짓는 곳에서 일을 했으니까 그런 것을 잘 압니다. 한국이 깔끔하고 친절하지요. 하지만 중국도 지금 잘 변했습니다. 재입국하러 들어갔을 때 보니까 대련 바다에 나가면 볼거리가 정말 많더라구요. 남편하고 예순 살이 넘으면 거기 가서 살 생각입니다. 그 아파트에는 한국에 갔다 온 조선족이 많아, 아파트 넓은 공간에서 같이 춤도 추고 운동도 하고 그렇게 지낼 수 있을 겁니다.

성공 스토리에서 가장 중요한 요소는 '자식 농사'다. 이주 바람이 불기 전에도 조선족은 소수민족으로서의 여러 제한과 한계를 극복하고 주류로 진출하기 위해 유학을 선택하는 경향이 강했다. 이주 바람이 불면서는 해외유학이 계층 상승을 위한 필연적인 출구로 이해되기 시작했다. 부모 세대가 해외에서 경제활동을 하여 축적한 돈으로 자녀의 해외유학 비용을 대는 사례가 폭발적으로 늘어났다.* 고학력의 자녀는 부모와는 다른 전문직 종사자로 글로벌한 계층 상승을 현실화하고 있다. 조선족 이주자는 자식이 '머리 쓰는 사람'이라는 점을 자랑한다. 그러나 이러한 '성공'은 많은 것을 잃은 후에 획득한 것이다. 아이들의 좋은 미래를 위해 감행한 이주지만, 정작 아이들과의 친밀한 관계를 만들 시간과 기회는 잃어버렸다. 조선족 이주 여성은 본국에 두고 온 아이들의 학비와 생활비를 지불하고 정기적으로 연락을 취하는 것에 만족해야 했다. 이들은 '원거리 모성'을 통해 아이들과의 초국적 가족관계를 확인하고 결속을 유지한다. 그럼에도 경제적 지원을 통한 모성 실현에는 한계가 있다. '원거리 모성'과 '일상적 관계와 경험을 통해 구축된 모성'의 질적 격차가 존재할 수밖에 없다. 어머니가 보내준 학비와 생활비로 연길에서 대학을 다니다가 한국에 온 28세의 조선족 여성은 인천국제공항에서 어머니를 만났을 때 어떻게 해야 할지 몰라 매우 불안했다고 한다. "어머니!" 하고 뛰어가서 껴안아야 하는 것인지, 아니면 늘 전화로 했던 것과 마찬가지로 담담하게 "왔어요" 해야 하는 것인지, 한국으로

● 이혜경·정기선·유명기·김민정, 「이주의 여성화와 초국가적 가족」, 『한국사회학』 40(5), 2006, 258~298쪽; 이해응, 「중국 조선족 기혼여성의 한국 이주 경험을 통해 본 주체성 변화에 관한 연구」, 이화여자대학교 여성학과 석사학위 논문, 2005.

오는 비행기 안에서 내내 고민했다는 것이다. 어머니를 그리워했다는 것을 드러내 보여주고 싶지만, 보지 못하고 그리워한 시간이 너무 길어서 자연스러운 감정이 '일어나지 않았다'고 한다.

　조선족 이주 여성은 원거리 모성과 경험적 모성 간의 딜레마를 느끼면서 한국 가족의 아이들을 돌본다. 이들이 한국 아이들을 '돈'을 받고 돌보지만 그렇다고 '감정'을 조절하거나 절제하며 남의 아이를 키우는 것은 아니다. 조선족 입주 도우미는 '주인 여자는 얄밉지만 아이는 지금도 눈에 밟힌다'는 이야기를 많이 한다. 이들은 한국의 젊은 엄마들이 정해진 시간에 아이에게 간식을 주는 것, 함께 음악회나 공연을 가는 것, 영어 수업, 피아노에서 태권도까지 다양한 취미활동을 시키는 것 등을 '현대적 모성'이나 '전문적 모성'으로 이해한다고 말한다. 조선족 이주 여성은 이 모든 것을 자기 자식에게도 실행하고 싶은 욕구를 가지지만 이들은 전화를 통해 '지시'할 뿐이다. 막상 자신의 아이들은 중국에서 남편이나 이모, 할머니의 손에 크거나 학교에 딸린 기숙사에서 대부분의 청소년기를 보내고, 세심한 양육과 교육을 받지 못한다. '모성' 욕망과 그것의 실행 사이의 시간적, 지리적인 격차는 이주 여성이 감당해야 할 성공 신화 뒤의 현실이다. 이 때문에 방문취업제로 한국에 온 젊은 조선족 여성은 이따금 시간을 내서 중국에 돌아가 아이를 돌본 다음 한국으로 재입국하기도 한다.

　성공한 조선족만큼이나 실패한 조선족도 많다. 조선족 내부에서는 흔히 남성 단신 이주노동자의 실패한 삶을 '술, 도박, 마작'으로 표현한다. '무도장에 출입하면서 문란하게 춤추며, 내우발(춤추는 파트너) 두고 서로 싸우는' 여성도 실패한 이주자의 한 경우다. 실패한 이주자란 중국에서부터 익숙했던 나쁜 습관을 버리지 못했거나, 자본주의적 소비와 성문화에 빠져 생활이 문란한 사람을 지칭한다. 돈을 모아야 한다는 의지가 강한 동포는 바로 이런 이유 때문에 고향 친구 만나길 꺼려한다. 특히 남자들은 한국의 소비문화에 익숙해지면 술 마시고, 노름하고, 노래방에 가서 돈을 탕진하여 송금을 하지 못하고, 결국 중국에 돌아갈 수조차 없는 상황이 된다. 한국에서 어렵게 번 돈을 쉽게 써버리거나 사기를 당해도 실패한 인생으로 간주된다. 이주자의 규모가 커짐에 따라 이들은 다양한 종류의 자본주의적 '나쁜 행태'에 노출된 삶을 살아갈 수밖에 없다.

웬만한 조선족은 한국에 친척과 친지가 있기 때문에 중국이 아닌 한국에서 결혼식이나 칠순잔치 같은 의례를 행한다. 2013년 조선족연합회를 방문했을 때 거기 모인 조선족 여성은 한결같이 '결혼식 문화'를 바로잡아야 한다고 성토했다. 보통 결혼식을 하고 나서 식당, 호프집, 노래방, 중국음식점, 한국음식점까지 5차에 걸쳐 자리를 옮겨가며 노는 것이 유행이 되었고, 이로 인해 비용을 부담해야 하는 신랑집은 빚까지 낼 지경이란다. 하객도 10만 원의 축의금을 준비해야 한다. 나는 중국과 한국 모두에서 유행하는 조선족의 과시적 소비문화에 대해 여러 번 들어왔지만, 어쭙잖은 판단을 해서는 안 된다는 생각이다. 이들은 한국에서 집단적인 하향 평준화를 강요당하면서 인격적 존엄성의 상실을 경험했다. 눈에 띄지 않는 몸노동을 하는 조선족은 다양한 종족 모임을 통해 소속감을 만들어내고 소속집단 내에서 소비와 과시를 통해 인정의 문화를 구성해나간다. 즉 같은 마을의 집단농장에서 함께 일하고 음식을 나누었던 사회주의 공동체의 정서와 자본주의 사회의 개별화된 과시적 소비가 결합된 이중적 문화의 경관을 만들고 있는 것이다. 그러나 이런 소비주의적 경관이 어느 순간 집단적이고 경쟁적인 방식으로 이루어지면서 이에 참여하지 않는 개인을 배제하는 구조를 만들기 때문에 문화적 스트레스로 작동하고 있다는 점 역시 분명하다.

《황해》와 보이스피싱

한국 사회에서 조선족은 말씨로 구별되지만, 조선족에 대한 이미지는 무엇보다도 대중문화를 통해서 형성된다. 한국인에게 조선족은 영화 《황해》와 TV 프로그램 《개그콘서트》의 보이스피싱 사기단의 모습으로 각인되어 있다. 한편에는 돈을 위해서 살인도 서슴지 않는 막무가내식 폭력과 잔인성이, 다른 한편에는 어리석은 속임수로 돈을 벌겠다고 집요하게 나서는 사기꾼의 모습이 있다. 이 둘의 공통점은 조선족은 '돈'을 위해서는 못할 것이 없는 사람들이라는 점이다. 그러나 현실은 그 반대인 경우가 많다. 조선족이 한국을 '돈 버는 땅'으로 단순화하는 것만큼 한국인은 조선족을 '쉽게 사기 칠 수 있는 대상'으로 범주화한다. 조선족 이주노동자는 자본주의 논리에 덜 노출된 만큼 더 많은 신종 사기의 피해자가 된다. 한국에서의 노동을 통한 돈벌이가 최장 5년 동안만 허용되기 때문에 이들은 기회를 놓치지 않으려 한다. 이주 기간의 한시성으로 인한 조급함이 조선족 이주노동자를 오히려 쉬운 사기의 대상으로 만든다.

조선족이 집중적으로 거주하는 영등포구, 금천구, 양천구 지역이나

조선족 집중 거주지에는 다양한 중개업체와 브로커가 있는데, 이들은 조선족의 취약한 지위를 이용하여 큰돈을 벌어들인다.

안산 원곡동의 경우, 신종 일자리를 알선하는 인력회사가 즐비하고 기원을 확인할 수 없는 돈벌이 정보와 소문이 흘러넘친다. 중국 내 보이스피싱의 본거지로 알려진 동북삼성은 조선족이 많이 거주하는 지역이다. 보이스피싱 조직이 모두 조선족으로 구성되어 있다고 생각하기 쉬운데, 실제로 기획자는 중국인과 대만인, 한국인인 경우가 많고, 이들의 조직이 조선족을 하층 조직원으로 동원한다.[•] 조선족 이주노동자는 중장년층이 많고, 이들은 노동해서 번 '목돈'을 현금으로 갖고 있는 경우가 많아서 쉽게 사기 피해자가 된다. 나는 언제부터인가 조선족 여성을 만날 때마다 이들에게 다단계 상품을 권유받아 곤혹스러울 때가 많았다. 조선족 커뮤니티에 중국과 한국의 다단계 업체가 깊이 침투하고

• 「보이스피싱 '악마의 목소리' 뒤에 누가 있나」, 『시사저널』, 2012년 7월 4일.

있었던 것이다. 2010년 『연길신문』은 조선족이 피해당한 다단계 사기에 대해 다음과 같이 보도했다.[•]

한국인을 망쳐놓은 다단계 사기는 이제 조선족을 타깃으로 삼아, 연길과 한국 모두에서 조선족들이 대규모 다단계 사기를 당했다. 한국 다단계 업체는 중국 연변에서 조선족 몇 사람을 골라, 선전-선봉장을 시켰고, 이들 선전-선봉장으로 뽑힌 이들은 다양한 방법으로 사람들을 끌어 모았다. 이 업체는 조선족에게 한국 관광을 시키며, '한국 유람을 선택하는, 그 순간에 인생이 바뀐다'고 선전했다. 서울 장한평 다단계 업체에서 활동하는 조선족의 수는 2,000명이 넘었다고 한다. 건강식품·의류·생활용품 등을 판매하는 업체의 홍보 동영상에는 시종일관 기러기 떼가 등장했다. '공동 부유'共同富裕를 기치로 하고 있다는데, 이는 자본주의와 사회주의를 결합해 기러기 떼처럼 공동체의 부를 지향하는 의미라고 한다.

중장년 조선족은 다단계 때문에 모아놓은 돈을 탕진할 뿐 아니라, 가족과 친척의 돈을 모아 다단계에 퍼붓는 실수를 저지르기도 한다. 조선족 문화운동을 통해 조선족의 역량을 강화하고 공동체의 자립을 모색하고자 하는 조선족연합회의 총무는 "자본주의 경제에 익숙하지 않은 사람들이 어수룩해서 잘 속는다"라고 말한다. 젊어 고생하여 노후 대책을 하리라는 꿈은 순식간에 사라져버리고, 이들 또한 결국 '실패'한 이주자가 된다. 이주노동자로서의 성실함, 악착같음, 부지런함, 근검절약

• 「조선족을 등쳐먹고 있는, 한국 사기집단인 다단계(나눔) 회사」, 『연길신문』, 2010년 5월 10일.

은 한국인이 고안한 다양한 파생상품과 사기 앞에서 무력할 수밖에 없었다.

조선족의 '고립'된 자생적 네트워크가 집단적 피해를 발생시키기도 한다. 일에 대한 정보를 얻고 외로움을 달래고자 유지했던 친척, 고향 친구, 일터 동료들 간의 다양한 사회적 연결망이 결국 사람을 속이고 돈을 가로채는 신종 사기의 유통망으로 기능하게 된다. 이주자 간의 사회적 연결망은 이주에 따르는 이동 비용과 위험을 낮출 수 있다는 이점이 있다.[*] 그러나 그러한 연결망은 소문이나 호기심, 욕망도 운반하는데, 그 연결망이 누구의 이해를 위해 움직이느냐에 따라 위험을 배가하기도 한다.

척박한 만주 땅에서 자생적 공동체를 만들어 언어와 문화를 지켜낸 조선족의 집단주의적 공동체 정신은 허상과 욕망을 판매하는 자본주의적 물신주의의 좋은 먹잇감이 되었다. 조선족은 중국의 시장주의 경제로의 변화에서도 큰 이익을 보지 못했을 뿐 아니라, 한국의 자본주의 시장의 피해자가 되면서 성공과 실패의 갈림길에서 위험한 이주 항로를 계속하고 있다.

나의 집은 어디인가

한국의 조선족은 한국말을 어렵지 않게 구사하며 고국에 정착하지만

---

[*] 설동훈, 『노동력의 국제이동』, 서울대학교출판부, 2000, 32쪽.

정작 한국인에게 받아들여지지 않는다는 느낌 때문에 심리적 귀속의 문제를 고민하는 경우가 많다. 조선족 결혼이주 여성 하영란 씨는 나와 만날 당시 한국에 온 지 이미 6년이 되었고 한국말을 하는 데 별 어려움이 없었지만, 늘 위축된 삶을 살았다고 한다. 조선족의 말투, 외모, 집단 거주지 등의 외연적 표지가 드러나면 한국인이 곧 '무시'했기 때문에 스트레스를 많이 받았다는 것이다.

2006년 10월 한국에 처음 왔을 때 비록 언어는 통했지만 조선족 특유의 억양 때문에 주동적으로 말을 하지 않았습니다. 또 버스나 지하철 안에서 휴대전화가 울려도 받지 않았습니다. 주위 사람들이 손가락질할까봐 일부러 꺼버리고 나중에 혼자 있을 때 전화해주곤 했습니다. 우리 동네에서 살다보면 저는 항상 관심 대상이 되는 것 같습니다. 제가 길을 지나갈 때마다 동네 아줌마들은 소곤소곤하며 손가락질했습니다. 물건을 고를 때 항상 가게 주인이 "이건 중국산 아닙니다. 안심하고 사세요" 이런 말을 한답니다. 제가 중국 사람인 줄 모르니까 그런 말을 했겠죠? 하지만 이 자리에서 꼭 알려주고 싶은 말이 있습니다. 중국은 비록 짝퉁으로 유명한 것이 사실이지만 모든 중국산이 다 짝퉁이고 품질이 나쁜 것은 아닙니다. 백화점이나 큰 슈퍼마켓에서 산 물건은 품질이 최고입니다. 다만 한국 보따리 장사꾼들이 짝퉁시장에서 제일 싸고 품질도 안 좋은 물건만 들여와 판매한 탓으로 중국의 이미지만 깎인 것 같습니다. 한국은 자민족 중심주의가 너무 강하고 어떤 사람은 외국인을 무시하고 또 어떤 사람은 외국인을 무조건 동정하고 불쌍히 여깁니다. 우리 조선족도 하나의 개인으로서 강한 의지, 신념, 능력, 자존심 등이 있는 존재라는 것을 잊는 것 같습니다. 한국에서 6년을 살아온 경험으로 얻은 지혜는 하루 빨리 표준어를 배우고 서울 억양을 따라잡아야 한다는 것입니다.

똑같은 이주자이긴 하지만 2006년 영국 런던에서 인터뷰한 조선족은, 영국에서는 조선족의 문화표식cultural marker 그 자체로 차별을 받거나 배제를 당하지는 않는다고 말한다.* 런던 자체가 전 세계의 다양한 인종이 모여 있는 도시라 영어도 제각각이고, 일의 종류와 내용에 대한 차별이나 '더러운 일'에 대한 차별이 없어 편하다는 것이다. 이들은 영국에 거주하는 '남한 사람에게 차별받는 것 외엔' 일상적 차별을 겪지 않는다고 말한다. 이는 물론 영국 백인 주류 사회에 진출한 경험이 없기 때문에 나오는 말일 수 있다. 하지만 영국의 이주자 중에는 '불법' 신분으로 일하다가 사업자로 변신한 사람들이 꽤 된다.

처음엔 미등록 이주노동자였지만 지금은 건축사업가로 체류 중인 조선족 홍만기 씨는 영국 생활에 대단한 만족감을 표했다. 중국에서는 비효율적이고 부패한 시스템으로 인해 기업가적 열망을 제대로 현실화할 수 없었던 것에 비해, 영국에서는 일이 고되고 영어로 말하기도 힘들지만, 사업을 하고자 하는 사람에게 법과 질서를 동등하게 적용한다고 느끼기 때문이다. 그는 한국에 가서 '밑바닥 일'을 하기보다는 사업을 하고자 하는 조선족은 유럽으로 이주하는 것이 훨씬 낫다는 조언을 덧붙였다. 나는 영국과 한국의 조선족 이주노동자를 연구하면서, 두 나라에 체류한 조선족이 이주한 나라에 대해 갖는 '감정적 귀속성'이 얼

● 김현미, 「중국 조선족의 영국 이주 경험: 한인타운 거주자의 사례를 중심으로」, 『한국문화인류학』 41(2), 2008, 39~77쪽.

마나 다른가에 놀라지 않을 수 없었다. 런던에서 만난 조선족이 차별을 덜 받는다고 느끼는 것은 영국 사회가 이들을 주류로 통합하기 위해 적극적인 노력을 벌여서가 아니라, 이 사회가 오랜 기간 구축해온 이주자 친화적인 인종적·문화적 다양성 때문이다.

한국 정부는 재중동포 이주자들의 높은 이직률에 대한 대응으로 작업장을 이동하지 않는 동포들에게 영주권 부여의 가능성을 제시하고, 동포 비자를 확대하여 조선족을 포용하려는 태도를 견지하고 있다. 그러나 법적 소속이 곧 심리적 소속감으로 연결되는 것은 아니다. 무엇보다 조선족은 민족과 국적을 동일시하는 한국의 혈연주의적 국적 부여 제도의 전제에 질문을 제기하는 존재다. 이들은 혈연과 국적에 대해 (한국 정부나 국민과는) 다른 기대와 정체성을 갖고 있다.

조선족은 중국과 한국에서 모두 소수자지만 양쪽에 거점을 갖고 연결성을 확보할 수 있는 '양쪽에 속한 자'로서 상대적 가치를 지닌 사람들이다.* 한국 사회는 조선족을 육체노동 중심의 주변적 노동자로 규정하지만, 조선족 스스로는 세계 제2위 경제부국으로 도약한 중국의 '글로벌 인민'이며, 문화적으로 도약한 한국에서 정주할 의사도 갖고 있는 동포로 여긴다. 마찬가지로 두 국가 모두에서 완전한 소속감을 갖기 어려운 '경계인'이기도 하다.

지난 30년간 미주나 유럽 지역 동포에게 제공되었던 영구적 자유왕래의 권리는 유독 중국과 중앙아시아 동포인 조선족과 고려인에겐 적용되지 않았다. 이들의 '동포답게' 살고 싶다는 말은 다른 해외동포들과

● 이주희, 「중국 조선족의 한국 이주 경험과 정체성 전략」, 한양대학교 문화인류학과 석사학위 논문, 2012.

차별 없는 대우를 받고 싶다는 호소다. 추방, 배제, 주변화라는 한국 정부의 조선족 차별정책은 조선족에게 예측 불가능한 삶의 불안을 가져다주었고, 그들의 삶은 안정성과 질서를 잃게 되었다. 이 상황에서 제한된 시간 안에 더 많은 돈을 벌기 위해 모든 시간을 자본주의 회로망 안에서 사용할 수밖에 없는 조선족은 대규모 사기에 연루되거나 브로커의 정보망에 의존할 수밖에 없었다. 이는 한국 사회가 오랜 기간 조선족 이주노동자의 사회적 재생산과 적극적 통합 문제를 방관했던 것에 기인한다.

이들은 한국과 중국, 어디를 '집'home으로 여기며 안정적인 삶을 이루어낼 것인가? 한국에 정주하는 조선족의 수와 거주 기간이 늘어나면서, 한국을 새로운 '집'으로 상상하며 심리적·문화적 귀속감을 갖는 조선족이 증가하고 있다. 이들은 친숙하고 편한 느낌을 가지고 한국을 영원한 정주지로 상상하지만, 이들의 장기적 정착을 가능하게 하는 법적 지위는 여전히 확보되지 않은 상황이다. 따라서 조선족 내부의 다양한 운동단체들은 시간 제한을 두지 않는 '자유왕래'와 '동포법 개정'을 주장하고 있다.* 한국에서 가장 많은 수를 차지하는 이주자 그룹으로서 조선족은 자아 존중감과 귀속감의 장소로 중국과 한국을 동시에 상상할 수밖에 없다. 마찬가지로 중국과 한국에서 포섭과 배제의 다양한 메커니즘을 경험한 조선족은 지속적으로 피해자 정체성에 사로잡힐 수도 있다. 이 때문에 조선족은 민족-국가를 초월하는 '제3의 정체성'을 필요로 할지 모른다.** 그들은 모국을 찾아 귀환했지만 역귀환의 가능성을 동시에 고려하는 유동적인 존재다. 이들의 역귀환은 한국 사회가 이주노동자나 외국인에게 강요하는 사회적 하향화나 하향 동화assimiliation

에 대한 저항의 방증이라고 할 수 있다. 조선족에게는 두 개의 '집'이 존재한다. 그러나 이들은 어느 한 곳에 정착하지 못하는 글로벌 이산민이다.

- 조선족 정치운동의 핵심은 (해외)동포 간 위계화와 서열화를 규정하고 있는 재외동포법 개정이다. 1999년에 시행된 재외동포법은 "재외동포가 대한민국 안에서 부당한 규제와 대우를 받지 아니하도록 필요한 지원을 하여야 한다"(제4조)라고 명시한다. 이 법률은 부동산 거래, 금융 거래, 외국환 거래 등의 제반 경제행위에 대해 재외동포에게 대한민국 국민과 동등한 권리를 부여했다. 당시 재외동포법이 제정된 배경에는 재외동포의 투자 유치와 그로 인한 경제 활성화를 통해 IMF 경제 위기를 극복하고자 하는 동기가 있었다. 이때 한국 정부가 상상한 동포는 주로 자본이 많다고 가정된 미국이나 유럽 지역의 동포였다. 이 법은 조선족과 CIS(독립국가연합) 동포인 고려인을 동포 범주에서 배제했다. 당시 조선족은 한국에 거주하는 미등록 이주노동자 중 가장 많은 수를 차지하고 있었을 뿐 아니라, 한국 정부가 법률의 대상으로 삼은 재외동포가 될 수 없었다. '투자자' 또는 경제활동을 자유롭게 할 수 있는 자로 여겨지지 않았기 때문이다. 2001년 11월 29일 조선족의 열렬한 투쟁의 결과 재외동포법은 헌법 불일치 판정을 받았고, 이후 여러 차례 수정을 거쳐 2007년 한시적 자유왕래를 허용하는 방문취업제에 의해 보완되었다. 그러나 현재의 재외동포법도 여전히 차별적이긴 마찬가지다. 미국이나 유럽 등 선진국에 거주하는 동포는 개인적인 일이든 사업이든 모든 분야에서 자유로운 왕래가 보장된다. 반면 조선족과 같이 특정 국가의 동포는 한국어능력시험을 치러야 한다. '코리안-아메리칸'이 한국에 오기 위해 한국어능력시험을 치러야 한다는 것은 상상할 수도 없지만, 한국에 연고가 없는 조선족은 한국어능력시험을 치러야 하는 것이다. 게다가 시험에 합격할 경우에도 자유롭게 왕래할 수 있는 자격이 일정 기간으로 제한된다. 이처럼 재외동포법은 해외동포를 위계적으로 분류하고 이들의 자격을 차등적으로 분배한다. 그래서 조선족은 여전히 재외동포법의 개정을 강력히 요청하고 있다. 조선족과 고려인은 이런 점에서 '특별하고 불평등한 동포'다(신현준 엮음, 『귀환 혹은 순환: 아주 특별하고 불평등한 동포들』, 그린비, 2013, 8쪽).
- ●● 예동근, 「공생을 만드는 주체로서의 조선족: '제3의 정체성' 형성에 대한 논의」, 『재외한인연구』, 2009, 131쪽.

한국적인, 너무나 한국적인
고용허가제 이주노동자

선택받은 자, '운' 좋은 뭉크졸 씨

몽골의 수도 울란바토르에서 차로 40시간 이상 멀리 떨어진 지역에 살던 뭉크졸 씨는 2007년 고용허가제를 통해 한국에 입국했다.[●] 한국으로의 이주노동을 꿈꾼 지 2년 만에 드디어 한국에 올 수 있었다.

1990년대 소련에서 독립한 이후 몽골에서는 사유재산이 인정되었으며, 갑작스러운 시장경제 체제로의 전환은 몽골인의 삶에 큰 파장을 일으켰다. 이전엔 국가의 통제하에 고용되었던 사람들이 시장경제 체제로의 전환기에 실업자로 전락하고 빈민이 되었다. 한편 중국 등지에서 밀려오는 다양한 공산품을 구매하기 위해서는 현금이 필요했다. 아이들을 도시에서 교육시키는 것, 집을 사는 것 등 이전에는 국가의 지

[●] 나는 2007년 10월 국가인권위원회의 용역을 받아 몽골에서 현지조사를 실시했다. 이 연구는 몽골과 베트남에서 두 국가 국민이 한국에 오는 과정에서 경험하는 인권 침해를 분석한 것이다. 김현미·김기돈·김민정·김정선·김철효, 『고용허가제 시행 이후 몽골과 베트남의 이주 및 국제결혼 과정에 나타난 인권 침해 실태조사』, 국가인권위원회, 2007, 50~68쪽의 고용허가제 이주노동자의 내용을 중심으로 뭉크졸 씨의 사례를 구성했다.

원을 받던 일이 모두 구매해야 할 상품이 되었고, 현금의 필요성은 더욱 커졌다. 장기적인 안목으로 생계를 유지해왔던 유목으로는 현금을 빠른 시간 내에 동원할 수 없을뿐더러, 몽골은 제조업이 발달하지 않아 충분한 일자리도 없었다. 이러한 현실에서 현금을 벌어들일 수 있는 방법은 '이주노동'뿐이었다. 마침 2004년 한국에서 고용허가제가 시행되었다. "몽골의 월평균 임금이 8만 3,000투그릭(약 7만 1,000원)임을 감안할 때 한국에서 받는 임금은 열 배를 훌쩍 뛰어넘는 상상을 초월할 정도의 매력적인 것"이었다.• 몽골에 '한국 바람'이 몰아쳤다. 많은 젊은이들이 마땅히 거처할 곳조차 없는 상태에서 울란바토르로 몰려왔다. 초원에서는 정보를 구할 방법도 없고, 뒤처지는 것 같기 때문이었다. 뭉크졸 씨도 울란바토르의 친척 집과 아는 집을 전전하며 살았다.

뭉크졸 씨가 고용허가제를 통해 한국에 오기 위해 치러야 할 첫 번째 관문은 한국어능력시험EPS-KLT에 응시하는 것이었다. 한국어능력시험은 1,000문제가 담긴 공개 문제은행에서 문제를 선정하여 출제하기 때문에 1,000문제를 익혀야 한다. 이주노동을 원하는 이들은 보통 한국어능력시험에 응시하기 전에 한국어 학원을 3개월 내지 6개월 다니거나 한국어 개인교습을 받는다. 몽골의 도시 직장인이 버는 몇 개월 치 수입과 맞먹는 큰돈을 학원에 지불해야 한다. 그래서 한국에 가기 전 학원비와 도시에서의 생활비로 이미 큰 빚을 지게 된다. 뭉크졸 씨는 1년에 한두 번 치러지는 한국어능력시험을 보기 위해 일찌감치 울란바토르에 와서 지내며 시험 시행 날짜가 공고되기만을 기다렸다.

• 「'젊은 몽골'은 한국의 일자리를 원한다」, 『매일노동뉴스』, 2006년 8월 10일.

뭉크졸 씨는 응시 원서 접수처인 울란바토르 나담 경기장에서 3일 전부터 노숙하며 줄을 섰다. 2007년 몽골은 한국 정부와의 협의하에 한국어능력시험을 치를 몽골인 1만 5,000명을 접수받기로 했다. 시험 합격은 나중 문제고, 응시 접수를 못 하면 이제까지의 노력이 헛수고가 된다. 접수 기간인 2007년 5월 17일부터 19일까지 경기장 부근에 줄을 선 사람은 이미 3만 명이 넘었다. 먼 곳에서 달려온 가족들은 줄을 선 사람에게 밥을 챙겨다주고 화장실에 갈 때 대신 줄을 서주기까지 했다. 5만~6만 명이 몰려든 나담 경기장은 각종 시비와 폭행으로 아수라장이 되었다. 질서를 잡고자 투입된 경찰은 뇌물을 받고 사람들의 '끼워 넣기'를 도와주었다. 이 과정에서 싸움이 일어났고, 이 모든 광경이 몽골 언론에 보도되었다. 뭉크졸 씨는 다행히 30달러를 지불하고 시험 접수에 성공해서 1만 5,000명의 대열에 끼여 2주 후 한국어능력시험을 치렀다. 4주 후 합격자가 발표되었는데, 1만 5,000명 중 1만 3,000명이 합격해 86.7퍼센트의 합격률을 보였다. 한국어능력시험이 변별력이 없다는 것이 증명된 것이다. 몽골 현지조사 중 내가 만난 몽골 이주자 대부분은 한국어능력시험에서 높은 성적으로 합격했음에도 아주 기초적인 한국어도 읽거나 이해하지 못했다.

뭉크졸 씨는 한국어능력시험에 당당히 합격했다. 이후 지정된 병원에서 45달러를 지불한 후 건강검진을 받았다. 건강검진에서는 간염, 폐결핵, 매독, 성병, 에이즈 검사를 한다. 간염 보균자가 많은 몽골인에겐 건강검진을 통과하기도 쉬운 일만은 아니다. 검진 과정에서 돈을 주면 결과를 바꿔주기도 한다는 소문이 돌았다. 건강검진을 통과한 뭉크졸 씨가 해야 할 일은 '구직 신청 기간'에 맞추어 구직 등록을 하는 것이

몽골과 한국의 교류가 증가하면서 항공 화물 및 선적, 중고 자동차 매매 등의 다양한 무역 사업이 활성화되고 있다.

었다. 이렇게 해서 완성된 1만 1,000명의 구직자 명부는 한국산업인력공단에 송부된다. 구직자 명부는 한국에 실제로 올 수 있는 사람 수의 5배수나 되는 몽골인의 명단을 담고 있었다. 2006년의 경우에는 1만 6,201명의 몽골인이 구직자 명부에 올라 있었으나, 이후 최종적으로 한국에 입국한 사람은 8,394명이었다.* 구직자 명부에는 키, 몸무게, 성별, 한국어능력시험 성적만 기재되어 있었다. 이런 정보에 근거하여 한국의 기업주, 이른바 '사용자'는 괜찮다 싶은 사람을 구직자 명부에서 선택했다. 이후 근로계약서가 송부되어 근로계약이 체결되면 한국에 올 수 있다.

운이 좋아 선택된 뭉크졸 씨는 근로계약을 체결할 수 있었다. 그러나 그는 자신이 원하는 제조업 분야에 취업할 수 없었다. 이주노동자

---

* 『매일노동뉴스』, 2006년 8월 9일.

개개인의 경력이나 희망과는 상관없이 한국어능력시험 점수에 따라 갈 수 있는 직종이 제한되기 때문이다. 200점 만점에 120점 이상을 받으면 제조업을 포함한 모든 분야에 지원할 수 있다. 그러나 그 아래부터 60점 이상까지는 냉동창고와 농축산업, 어업 분야에만 취업할 수 있다.[*] 뭉크졸 씨는 말을 기르고 훈련하는 경마장에 취업했다. 다른 친구들도 다양한 일자리에 가게 됐지만, 그들은 자신이 어떤 일을 하는 곳에 취업되었는지 알지 못했다.

오랜 기다림 끝에 드디어 한국에 가게 된 뭉크졸 씨는 뛸 듯이 기뻤다. 일정이 확정된 후 현지 사전 교육기관에 입소하여 2주간 한국 취업에 필요한 기본 교육을 이수했다. 기본 교육을 담당한 산업인력공단의 한국인 교육자는 '몽골 사람들은 일터에서 산재로 죽는 확률보다 술을 마시고 거리에서 배회하다 교통사고로 죽는 비율이 더 높다'며 특별히 술을 자제하라고 경고했다. 내가 목격한 사전 교육에서 한국인 담당자는 몽골인을 비이성적이고 통제할 수 없는 존재처럼 표현하고, 그들에게 한국에 온 것을 큰 영광으로 알라는 말을 자주 했다.

뭉크졸 씨처럼 한국인 고용주가 '선택'한 사람은 운이 좋아 한국에 가지만, 당시 몽골에는 매번 고용주에게 선택되지 않아 건강검진만 세 번째 보면서 '무기한 대기 중'인 사람도 있었고, 한국에 갈 날만을 손꼽아 기다리며 하던 일을 그만둔 사람, 심지어 한국 이주를 위해 집을 정리한 사람도 있었다. 몽골에서는 브로커와 한국인 고용주가 공모해 이미 '선택'된 사람에게 선발시켜주겠다며 연락해 거액을 갈취한 뒤 나누

---

[*] 현재 한국어능력시험의 합격선은 100점 만점에 40점이다. 점수 분포대에 의한 상대평가에 따라 선발 예정 인원이 정해지고, 여전히 점수에 따라 선택할 수 있는 업종이 제한되어 있다.

어 가진다는 소문도 돌았다. 대부분의 몽골인은 한국어능력시험 합격 후 1년 이상 아무런 연락을 받지 못한다. 대기 순서상 자기 차례가 언제 쯤인지, 혹은 한국에 갈 가능성이 있는 건지 없는 건지에 대해서도 전혀 알 길이 없다. 이 때문에 조바심이 난 몽골인은 '신속세' 명목이나 구직자 명단 앞 순서에 이름 올리기 등을 미끼로 횡행하는 '이주 사기'에 걸려 큰돈을 날리기도 한다.* 미래를 기획하고 통제할 구체적인 정보가 부재한 상황에서 수많은 몽골인이 막연하게 한국에 갈 날을 기다리고 있었고, '이주 대기 실업자'가 되거나 이주 사기를 당했다. 계속 대기 중인 상태에서 한국어능력시험 유효기간 2년을 넘기면 다시 시험을 치러야 하고 건강검진도 다시 받아야 한다. 결국 계속 돈만 쓰게 하고 소식 하나 주지 않는 한국 정부에 적대감을 갖고 한국 이주를 아예 포기한 사람도 생겼다. 몽골인과의 인터뷰는 '운', '운명', '신속세', '급행료'라는 단어와 '누구는 어땠다더라' 하는 소문으로 채워지고 있었다.

뭉크졸 씨의 경험은 아시아 15개국 시민들이 한국에 '노동자'로 오기 전에 치러야 할 일반적인 과정이지만, 각 지역의 특수성에 따라 상황은 달라지기도 한다. '고용허가제'라는 이름에 걸맞게 한국 고용주는 선택의 모든 권리를 갖는다. 하지만 고용주로서도 구직자의 기술 수준이나 일 경험을 알지 못한 채 국적, 성별, 키, 몸무게에 대한 기록만 보고 임

---

* 인도네시아, 몽골, 베트남 등지에서는 '신속세', '급행료'라는 명목으로 큰돈을 브로커나 공무원에게 지불하거나 추가로 돈을 더 내는 대가로 구직자 명부에 기재된 이름 순서를 교체해주고, 한국어능력시험 성적이 미달해도 합격시켜주는 등의 부정행위가 일어난다(김현미·김기돈·김민정·김정선·김철효, 『고용허가제 시행 이후 몽골과 베트남의 이주 및 국제결혼 과정에 나타난 인권 침해 실태조사』, 국가인권위원회, 2007; 김석호·정기선·이정은·여정희, 『노동이주 추이와 사회 통합 정책의 과제』, 경제·인문사회연구회 협동연구총서, 한국여성정책연구원·한국사회학회, 2011, 150쪽).

의로 선택해야 하기 때문에 완전한 '선택권'을 갖는 것은 아니다. 전에 고용했던 외국인 노동자가 보여준 행태, '국민성'에 따른 유형화된 이미지, 문제를 일으키지 않고 고분고분하게 일할 수 있는지의 여부, 즉 '감'으로 노동자를 선택하는 것이다. 보통 경제선진국의 이주노동자제도는 객관화된 지표, 즉 학력, 경력, 기술 수준 등을 고려하고, 무엇보다 이주를 원하는 사람의 일 경험과 희망 직종을 중요시한다. 그러나 한국에서는 고용주와 외국인 노동자 간의 매칭을 통한 계약과는 거리가 먼 고용주의 일방적인 '찍기'로 이주자가 선발된다.

뭉크졸 씨는 아주 '운'이 좋은 사람이다.

선진적인, 너무나 선진적인

고용허가제는 '외국인 근로자의 고용 등에 관한 법률'에 의해 2004년부터 시행되었다. 노동권 침해라는 비판을 받아온 산업연수생제도를 대체한 고용허가제는 표준계약서를 통해 최저임금을 보장할 뿐 아니라, 외국인을 연수생이 아닌 근로자 자격으로 데려오는 초빙 노동자 제도다. 고용허가제는 한국인과 마찬가지로 외국인 이주노동자에게도 근로기준법에 준하는 권리를 보장하고, 무엇보다 국가 간 협약을 통한 선발과 관리 시스템을 도입하여 상업적 브로커에 의한 거액의 송출 비용과 착취를 없애는 데 기여했다. 이 제도는 '국적에 관계없이 이주노동자를 동등한 근로조건으로 대우해야 한다는 유엔과 국제노동기구ILO의 규범'을 받아들였다는 점*에서 매우 진일보한 제도로 평가된다.

한국과 양해각서를 체결한 아시아 15개국 국민 중 18세부터 39세 사이 연령대의 '불법' 체류나 범죄 경력이 없는 사람은 한국으로 이주할 자격을 갖게 된다. 뭉크졸 씨의 사례처럼 한국어능력시험에 합격하고 건강검진을 통과하면 구직자 명단에 오를 수 있다. 구직자 명단은 고용주가 요구하는 조건을 만족하는 외국인 중 적어도 3배수에 해당하는 외국인을 추천하여 만들어진다. 이 제도는 국가 간 협력 사업이지만, 한국 고용주의 필요에 따라 이주노동자의 선발과 고용이 탄력적으로 이루어진다는 점 때문에 '고용허가제'로 명명되었다.

고용허가제는 몇 가지 원칙하에 시행된다.[**] 첫 번째는 '보완성'의 원칙으로, 내국인 노동시장을 대체하는 것이 아니라 보완하는 수준에서 외국인 인력을 들여온다는 것이다. 고용주는 일정 기간 한국인을 구인하기 위해 노력했다는 것을 증명해야 하고, 내국인을 구하지 못한 경우에만 외국인을 합법적으로 고용할 수 있다. 노동부는 고용허가제를 '한국인의 기피 업종 등 300인 미만 중소기업의 인력 부족을 해결하는 제도'라고 설명한다. 외국인과 한국인이 동일 업종에서 경쟁하는 것을 막고 외국인 유입에 대한 한국인의 반감을 상쇄하기 위함이다. 외국인은 한국인의 '대체 인력'이므로 이들의 이주 조건은 한국에서 부족하거나 자국인이 기피하는 3D 업종의 일, 즉 '게토화된 직업군'으로의 이주만을 허용한다.[***] 몽골어, 중국어, 독일어를 유창하게 구사하면서 울란바토르의 중견 기업에서 일한 경력이 있는 알탕치메 씨는 한국에서는 희

● 국가인권위원회 , 『09-10 인권 상담 사례집』, 2010, 167쪽.
●● 김석호·정기선·이정은·여정희, 『노동이주 추이와 사회 통합 정책의 과제』, 한국여성정책연구원·한국사회학회, 2011, 33쪽.
●●● Geraldine Pratt, *Working Feminism*, Edinburgh University Press, 2004, p.39.

소한 자원일 것이라 생각하여 통역일에 지원했지만 선발될 가능성은 아예 없었다. 그녀는 2년의 기다림 끝에 경기도 남양주에 있는 '물수건 표백 가공 공장의 생산직 보조일'로 한국에 왔다. 유해물질과 열악한 노동 환경, 낮은 임금 때문에 이 공장은 한국인을 고용하지 못하고 있었다.

두 번째는 '교체 순환'의 원칙이다. 계약 기간이 다하면 노동자는 본국으로 귀환해야 하고, 대신 새로운 노동자가 다시 와야 한다는 것이다. 원칙적으로 외국인 이주노동자는 한국에서 정주할 수 없기 때문에 3년 계약이 끝나면 본국에 갔다가 다시 들어와 4년 10개월까지 일할 수 있다. 이 기간에는 가족 동반도 금지된다. 한국에 합법적으로 5년 이상 지속적으로 정주한 외국인은 영주권을 신청할 수 있는 자격이 부여되기 때문에, 고용허가제나 방문취업제로 들어온 외국인과 동포의 영주를 막기 위해서라도 정부는 이들을 반드시 출국시켜야 한다는 입장이다.

세 번째는 사업장 '이동 제한' 원칙이다. 외국인 노동자가 한국에 들어오면, 특별한 사유가 없는 한 원래 계약한 사업장을 옮길 수 없다. 사업장 이동이 필요한 부득이한 경우, 계약 기간에 총 세 번에 한해 사업장을 변경할 수 있지만, 이런 경우에도 변경 사유를 이주노동자가 '증명'해야 한다. 한국어가 익숙지 않고, 고용주와의 관계에서 매우 수세적인 위치에 있는 이주노동자가 이 일을 하기란 쉽지 않다. 작업장 이동의 주요 사유인 휴·폐업, 임금 체불, 열악한 작업 환경, 상해, 언어폭력이나 성폭력 등의 문제가 일어나면, 이주노동자는 입증의 책임을 지고 사업장 변경을 신청해야 한다. 고용주가 사업장 변경 요청의 원인을 제공했더라도, 이로 인해 크게 처벌을 받는 경우는 드물다.

외국인 노동자가 사유를 충분히 증명해도 사업장 변경이 반드시 이루어지는 것은 아니다. 외국인 노동자 최초로 국정감사에 참고인으로 출석한 캄보디아 이주 여성 딴 소푼 씨의 사례는 이를 잘 보여준다.[●] 딴 소푼 씨는 2012년 6월 고용허가제로 입국해 1년간 전남 담양의 딸기농장에서 일했다. 한국 입국 전 체결한 표준계약서에는 월 226시간 근무에, 시간당 4,580원의 최저임금을 적용해 월 103만 원 정도를 받는 것으로 돼 있었다. 실제로 그녀는 한 달 평균 320시간 넘게 일했지만 추가 노동에 대한 임금은 받지 못했다. 그녀는 1년간 작성한 근로 일지와 일하는 장면을 찍은 동영상을 고용노동청에 제출했지만 공무원들은 믿지 않았다. 오히려 고용주는 이에 앙심을 품고 딴 소푼 씨를 '이탈' 노동자로 신고해 취업 자격을 빼앗았다. 현재의 고용허가제에서 한국인 고용주는 '작업장'을 이탈한 외국인 노동자를 신고할 수 있고, 한 달 내에 노동자가 근거 있는 항변을 하지 않으면 '불법' 체류자로 만들 수 있다. 딴 소푼 씨는 자신이 겪은 불합리한 일에 대해 여러 번 증거를 제출했는데도 고용노동청에서는 그녀의 주장 일부만을 인정해 1년간의 체불 임금이란 명목으로 40만 원을 지급하게 했고, 사업장 변경은 불가하다는 통보를 했다.

고용허가제는 한국인 고용주가 행사할 수 있는 권리를 비균등적으로 확장했지만, 민주주의 사회의 가장 기본적 권리인 노동자의 직장과 취업 선택의 자유를 심각하게 훼손하고 있다. 또한 국가 간 협약으로

● 딴 소푼 씨의 사례는 「헌정 사상 최초로 국감에 외국인 노동자 나온다」(『경향신문』, 2013년 10월 14일), 「방하남 고용노동부 장관, 이주노동자 노조 결성도 부정적」(『참세상』, 2013년 10월 14일), 「월 320시간씩 일했지만 수당 못 받아-한국 공무원은 눈이 없어요」(『국민일보』, 2013년 10월 28일), 「외국인 근로자, 국감 첫 출석 "한 달에 320시간 일했어요"」(『환경경찰신문』, 2013년 10월 19일) 등의 기사에서 발췌했다.

최소 3년간은 계약 기간이 보장되는데도 고용주에게 이주노동자의 체류 자격을 결정할 유사 사법기관과 같은 권력을 부여했다는 점에서 사적 통치에 의한 봉건적 통제를 용인한다. 게다가 새 직장을 찾으려는 이주노동자에게 구인 업체에 대한 정보 제공을 금지하고, 고용주에게만 구직자 정보를 제공하게 하는 새 지침까지 더해져, 고용허가제는 정보의 불균형을 극대화하여 노동자를 무기력하게 만드는 현대판 노예노동제라는 비판을 받고 있다.

이주는 지역 간, 국가 간의 인간 이동을 의미하기 때문에 한 국가의 이주 정책은 타국의 국민에게 막대한 영향력을 행사한다.* 고용허가제는 타국의 노동자를 선발하는 기준과 유입 방식, 노동권 보호 면에서 지극히 한국 중심적이고 자의적인 기준을 적용하고 있어 '선진'이란 말을 무색하게 한다.

다문화적 환경으로 진화하는 작업장의 사례

이주노동자는 노동력 결핍을 메우는 존재일 뿐 아니라, 한국 사회가 다문화 사회로 이동하는 데 중요한 역할을 하는 적극적 행위자다. 아시아 15개국에서 온 외국인은 한국 전역의 수천 개 공장과 농장에서 수십만 명의 한국인과 함께 일하며 많은 시간을 보낸다. 그런데 여전히 무슬림 노동자는 "회식 하면 삼겹살밖에 모르는 한국 사장과 동료로부터 돼

● 김현미·김기돈·김민정·김정선·김철효, 『고용허가제 시행 이후 몽골과 베트남의 이주 및 국제결혼 과정에 나타난 인권 침해 실태조사』, 국가인권위원회, 2007, 182쪽.

지고기를 먹도록 강요당하거나", "독실한 기독교 신자인 사장님과 일요일마다 교회에 함께 갈 것을" 종용당한다. 무슬림에게 종교는 의식주와 세계관을 통합해낸 삶의 총체적 행동양식을 의미한다. 돼지고기는 상황에 따라 먹고 안 먹고를 결정할 수 있는 '선택적' 음식이 아니라, 먹으면 안 되는 음식이다. 파키스탄, 방글라데시, 인도네시아 등 이슬람 국가의 노동자를 오랫동안 경험한 한국인은 점차 이에 대한 인식을 갖고, 그들의 고유 문화와 종교를 '인정'하며 회식이나 식사 시 대안을 제공하려 노력하고 있다.

외국인을 고용해서 함께 일한다는 것은 전제된 동질성의 폭력에서 벗어나, 모든 일상의 삶과 정체성을 재구성해나가는 것을 의미한다. 중국, 캄보디아, 우즈베키스탄, 필리핀, 베트남, 방글라데시, 태국, 인도네시아, 몽골, 스리랑카, 미얀마 등 아시아 15개국에서 온 노동자가 한국의 수많은 일터에서 일하며 한국인과 적극적으로 관계를 맺고 서로 이해하는 과정은 매우 귀중한 경험이다. 이는 다문화적 일터를 구성하는 과정이다. 이 과정에서 한국인 기업주, 노동자, 외국인 노동자 간의 공정한 통합을 위한 환경을 만들고 이를 학습하는 다문화적 인권 감수성을 배워간다. 진정한 '글로벌 기업'은 전 세계로 확장하는 대기업을 독점적으로 지칭하는 것이 아니라, 다양한 차이를 지닌 다국적 노동자들이 가학적 훈육이나 무시와 멸시가 아닌, 동병상련과 인정의 윤리에 의한 노동 동기를 실현하는 장을 의미한다. 문화와 경제는 분리된 것이 아니며, 이주노동자의 조직에서의 헌신은 자신의 문화적 정체성이 어떻게 취급되고 받아들여지느냐에 따라 달라진다.

외국인을 고용하는 한국 사업장 문화가 쉽게 변화하지 않는 데는 몇 가지 이유가 있다. 다른 인종과 함께 살면서 정치적·사회적 영역을 구성해본 경험이 부족한 한국 사회에서 외국인의 증가는 한국인에게 잠재되어 있던 인종과 관련된 적대적 무의식을 표출시켜, 새로운 지배 욕구를 만들어낸다. 이런 지배 욕구는 자본과 노동의 권력 차이를 극대화한 고용허가제하의 한국 작업장에서 종종 나타난다. 또 다른 이유는 한국 정부가 작업장 환경이나 문화를 개선하려는 노력 없이 외국인 노동력을 불러들였다는 점이다. 이들이 단기 순환적 임시 이주노동자이기에 장기적인 교류와 교섭의 대상이 될 수 없다는 판단하에 이주노동자와 관련된 다문화 정책에 배정된 예산은 전무했고, 외국인 사회 통합 정책에서 이주노동자는 원천적으로 배제되었다.* 한국인은 변화의 노력을 기울이지 않거나 변화하지 않은 채 외국인 노동자에게만 '한국식' 노사 관계와 관행을 강요하는 경우가 대부분이다. 중요한 것은 한국의 영세 작업장은 외국인 노동자 없이는 생존 자체가 불가능한 상황이며, 외국인 노동자를 받아들임으로써 기업이 연명하고 있는데도 외국인을 착취하거나 도구화하는 방법에 지속적으로 의존해서는 안 된다는 점이다.

변화는 느리게 오지만, '다문화적 환경'을 만들어 한국인과 외국인의 협력자적 동료 관계를 만들어가는 일터가 늘어나고 있다. 산업연수생 제도와 이후 고용허가제를 통해 외국인 노동자의 고용 경험이 축적되면서 '작업장의 글로벌화'를 추진해나간 고용주들은 하나같이 노동자의 이직이 줄고 생산성이 증가했음을 강조한다. 2011년 3월 방문한 충청

● 김석호·정기선·이정은·여정희, 「노동이주 추이와 사회 통합 정책의 과제」, 경제·인문사회연구회 협동연구총서, 한국여성정책연구원·한국사회학회, 2011, 28~29쪽.

E기업은 공장 안의 기계, 안전판, 작업 요령 등을 한국어와 태국어로 함께 게시하고 있다.

남도의 스틸 제조 중소기업인 E기업은 공장 건물에 태극기와 태국 국기를 나란히 걸었다. 이 공장은 한국 기업이지만 한국인과 태국인 노동자의 협력으로 운영된다는 점을 모든 노동자에게 각인시키고자 두 국기를 함께 게양했다고 한다. 관리부장인 김인철 씨가 외국인 노동자를 유입하면서 가장 먼저 추진한 일은 공장 안의 기계, 안전판, 작업 요령 등을 '이중 언어'로 게시한 것이다.

이분들이 보통 3~5년을 머무르시는데, 그 기간 동안 안전사고가 안 나게 하는 게 최우선입니다. 각종 기계나 위험표시판에 한국말과 태국말을 같이 적고 있습니다. 교육할 때 통역이 오는 것은 필수고요. 매달 안전교육 때 통역하는 분이 오셔서 태국말로 태국 분들을 따로 교육하지요. 초기 산업연수생제도 때에는 한국어를 전공하신 태국 분을 직접 고용해서 태국 노동자들이 원하는 것이 무엇인지에 대한 설문도 정리했습니다. 그때부터 기본 인프라가 만들어진 것이지요.

외국인을 고용한 기업은 외국인 노동자의 한국 문화 적응을 강조하기보다는 한국인 노동자의 태도를 먼저 변화시켜야 한다. E기업은 외국인이 입국하기 전에 한국인을 대상으로 교육을 실시했다. '차별 방지'를 위한 내용이 주를 이루었는데, 태국인에 대한 긍정적인 면과 태국 인삿말 등을 가르쳤다고 한다. 이 회사가 이런 노력을 기울인 이유는 김인철 관리부장 스스로가 외국에 나가 일해본 경험이 있었고, 이주노동자도 여느 노동자와 마찬가지로 월급, 직업 난이도, 지역 조건 등을 보고 취직과 이직을 결정할 권리가 있다고 생각했기 때문이다. 그래서 외국인 노동자의 이직을 막기 위해서 복지, 임금, 작업장 분위기를 좋은 수준으로 끌어올리고, 이 과정에서 이주노동자의 숙련도에 따라 차등적으로 임금을 지급하는 인센티브 제도를 도입했다.

농촌 지역에 위치한 중소기업의 한계를 극복하는 것도 중요했다. 30대 젊은 사람들이 좋아하는 도시적 풍광이나 오락거리가 상대적으로 부족하기 때문에 외국인 노동자가 머무는 기숙사에 당구 시설, 헬스 시설, 탁구대를 설치하여 함께 운동을 하도록 지원했고, 무엇보다 태국 전용 방송을 시청할 수 있도록 위성 안테나를 달았다. 김인철 관리부장은 태국인에게 한국어를 못한다고 다그치고 스트레스를 주기보다는, 자국의 언어로 된 뉴스와 오락물을 시청하면서 향수를 달래다보면 한국 문화에도 차차 적응할 것이라고 생각했다. 공장에서의 5일 근무 외에 이들의 사적인 삶이나 취향에 간섭하지 않고, 자유롭게 본국 음식을 만들어 먹고 안산이나 수원 등 자국민이 많은 곳에 놀러 가게 했다. 김인철 관리부장은 현재까지 작업장 변경을 요청하는 외국인 노동자가 없다는 점에 매우 만족감을 나타냈다. 물론 한국인과 외국인 노동자

간에 말다툼이 없는 것은 아니었다. 말다툼은 한국인 노동자가 외국인을 무시하는 경우에 주로 발생했다. 이때 빨리 이들을 중재하고 화해시키는 것이 중요한데, 무엇보다 중재가 서로에게 공정해야 한다. 김인철 관리부장은 작업 환경을 바꾸면 한국인과 외국인 노동자가 실제로 많이 친해지고, 안전사고의 위험률도 매우 줄어든다고 말했다. 그러나 현재의 고용허가제는 한국인 관리자에게도, 외국인 이주노동자에게도 단점이 있다고 지적한다.

고용허가제는 명단만 보고 노동자를 뽑으니 관상을 보고 뽑는 거나 마찬가지죠. 기술에 대한 신뢰도도 그렇고, 관리의 어려움도 있습니다. 또 고용허가제에선 건설이면 건설, 제조업이면 제조업 등 그 분야로 와야 하니 산업별, 업종 간의 이직이 어렵죠. 노동자에게는 기본적으로 직업 선택의 자유를 줘야 하는데 그게 안 되죠.

이주노동자가 세 번 이상 직장을 옮기면 '고용 계약'이 취소되고 마침내 이들을 '불법' 체류자로 밀어내는 현재의 고용허가제는 노동자의 기본 권리인 직업 선택의 자유를 심각하게 침해한다. 이주노동자는 적응의 어려움이 있기 때문에 기업주가 임금을 체불하지 않고 작업장 환경이 아주 열악하지 않으면 쉽게 이직하려 하지 않는다. 한국의 고용주는 여전히 이주자의 이직을 돈을 좇아 '의리'를 버린 '배은망덕한 행위'라고 전근대적으로 해석한다. 자신이 한국식의 나쁜 행태를 당연하고 자연스러운 것으로 간주하면서 이주노동자에게만 적응과 수용의 책임을 모두 지운다는 것에 대해서는 성찰하지 못한다. E공장의 사례는 외국인을 고용하는 한국 기업이 작업장 환경을 개선하기 위해 할 수 있는 노력이 얼마나 많은지를 잘 보여준다.

이중의 피해자, 여성 이주노동자

2007년 몽골 방문 시 내가 목격했던 고용허가제의 모습에는, 규모나 동원된 사람뿐만 아니라 성별에 따른 차별도 있었다. 당시 울란바토르에서 만난 몽골 TV 방송국 국장이며 다큐멘터리 작가인 우르치 씨는 한국으로의 이주가 몽골 사회의 결혼과 가족 문제에 큰 영향을 미친다고 말했다.

결혼 적령기의 몽골 남자들이 한국에 가기 때문에 여자들은 결혼 상대를 만나기 힘듭니다. 젊은이들을 다 해외로 송출하는 몽골의 정책은 옳지 않습니다. 몽골에 일자리가 없어서 그런 것만은 아닙니다. 건설 노동자가 부족해서 중국인과 파키스탄인이 몽골에 와서 많이 일합니다. 남자 수가 줄었고, 여성은 또 몽골 남성과 결혼을 못하니 국제결혼 쪽으로 관심을 갖게 됩니다.

가장 왕성한 생산과 재생산 능력을 가진 20~30대 남성을 대규모로 한국으로 송출하는 고용허가제 도입 이후, 인구 부족 국가인 몽골은 결혼 적령기의 '남자가 부족해' 몸살을 앓고 있었다. 한국인 고용주는 장시간의 육체노동을 견딜 수 있다고 간주되는 남성을 '선호'하고, 육체적

힘이 요구되지 않는 분야라도 임신이나 출산 가능성이 있는 여성은 선발하지 않는다. 여성을 가정이나 재생산 영역의 담당자로 굳게 믿는 아시아의 몇몇 나라는 여성을 해외로 내보내는 것에 대한 문화적 거부감을 갖고 있으며, 또 다른 국가에서는 실업과 취업 문제로 국가에 대한 불만과 적대감을 갖는 젊은 남성에게 큰돈을 벌 수 있는 이주노동 자리를 우선적으로 제공하는 유화책을 쓴다. 미얀마에서 여성은 한국어능력시험에 응시조차 할 수 없고, 캄보디아에서도 고용허가제는 20대 남성의 전유물처럼 간주된다. 베트남의 경우 전쟁 유공자의 아들이나 그 남자 친척이 우선권을 갖는다. 이렇게 한국의 남성 사업주와 송출국 간의 성별 이해관계가 결합되어 고용허가제는 이주자의 남성화를 촉진했다. 이런 식으로 '이주노동자는 곧 남성'이라는 등식이 만들어진다. 2017년 현재 고용허가제를 통해 한국에 체류하는 외국인 노동자 수는 총 21만 5,532명이지만, 그중 여성은 1만 7,130명으로 8퍼센트에도 미치지 못한다.

아무리 이주 비용이 줄었다 하더라도 고용허가제 등을 통해 한국에 이주하기까지 들어가는 비용은 이주자가 자국에서 벌어들이는 평균 월급을 2~3년간 합한 액수에 맞먹는다. 따라서 여성에게 개방된 합법적인 이주노동 통로가 매우 제한된 상황에서 자본이 없는 여성은 상대적으로 이주 비용이 적게 드는 분야, 즉 가사노동, '결혼', 유흥업 분야로 이주하는 경향이 크다. 고용허가제 같은 합법적 이주노동 통로가 남성에게 독점되기 때문에 여성은 노동권이 잘 보장되지 않는 가사 등 재생산 노동이나 남성이 기피하는 농업 노동 분야로 몰리게 되는 것이다. 이렇게 여성이 집중된 분야는 4인 이하 사업장이 많아 상시 5인 이상의 노동자를 고용하는 사업장에만 적용되는 근로기준법의 사각지대에 놓인다. 또한 한국의 최저임금법은 모든 사업장에 적용되지만 "가사 사용인에게는 적용하지 않고"(제3조 1항), 남녀고용 평등과 일·가정 양립 지원에 관한 법률도 "가사 사용인에 대해서는 법의 전부를 적용하지 아니한다"(제2조 1항)라고 규정하고 있다. 다른 영역에 비해 여성이 많이 몰려 있는 농업 분야는 고용허가제에서 보장하는 근로기준법상의 근로시간과 휴일에 대한 보장에서 제외된다. 현행 근로기준법에는 근로시간, 휴게와 휴일에 관한 규정이 있지만, 제63조에 "토지의 경작·개간, 식물의 재식·재배·채취 사업, 그 밖의 농림산업, 축산, 양잠, 수산사업" 등의 업무에 종사하는 노동자에게는 적용되지 않도록 하는 예외 규정을 두고 있기 때문이다.*

무엇보다 여성 이주자가 집중된 영역, 즉 방문 취업이나 교포 비자로 일하는 조선족 여성의 취업 분야인 가사, 육아, 간병 같은 돌봄 노동이나 고용허가제로 오는 외국인 여성이 많이 몰려 있는 농업 분야는 대부분 일터와 주거가 분리되지 않아 고용주의 사적 통치가 전면적으로 집행된다. 이 경우 이주자가 인간다운 대우를 받을 수 있느냐의 여부는 철저하게 고용주의 호의나 선의에 달려 있다. 농축산업 분야 노동자의 거주지는 지리적으로 외진 곳에 있어 안전 보장이 어려울 뿐 아니라, 숙소 환경도 매우 열악하다. "화장실도, 욕실도 없고, 온수도 나오지 않는 임시 주거지지만 사장은 숙소비로 20만 원을 걷어갔다"라든지,

---

● 박은정, 「외국인 여성 근로자의 노동인권과 국내법의 문제」, 젠더와 입법포럼 & 한국젠더법학회 동계 학술대회, 『외국인 여성 근로자의 노동문제와 입법·정책의 과제』, 2013년 12월 4일 한국여성정책연구원·한국젠더법학회 주최, 2013, 21~22쪽.

"화장실이 없어 수치심과 추위를 무릅쓴 채 주변 수풀이나 밭둑 도랑에서 용변을 볼 수밖에 없었다"라는 진술은 이들의 노동 환경이 얼마나 심각한지를 여실히 보여준다.[•] 최근 농업 이주노동자에 대한 한 연구는 "이주자 거주지의 44.7퍼센트는 욕실과 침실에 안전한 잠금장치가 없고, 52.8퍼센트는 숙소에 고용주나 다른 사람이 마음대로 드나들 수 있어, 여성 노동자의 불만이 큰 것"을 지적했다. 또한 설문조사에 응답한 30.8퍼센트의 여성 이주노동자가 직접 성희롱이나 성폭행을 당한 경험이 있고, 50.0퍼센트는 같은 농장의 여성 이주노동자나 지인의 성폭력 피해를 목격하거나 들은 적이 있다고 대답함으로써 여성 이주노동자의 성적 침해가 심각한 수준임을 보여주었다.[••]

전에는 미등록 이주노동자가 담당했던 열악한 형태의 농축수산업 분야 노동을 이제는 '합법'으로 고용된 여성 이주노동자에게 전가함으로써, 여성 이주노동자는 노동자로서 최소한의 권리도 보장받지 못한 채 성 차별과 인종 차별이라는 복합 차별의 희생자가 되고 있었다.

이주노동자는 이 땅에서 정주할 수 없는가

고용허가제는 개인 노동자만 초빙하는 제도이므로 한국에 머무는 동안 가족을 초청하거나 동반하는 것을 금지한다. 똑같은 외국인 근로자지

● 김이찬, 「똥 쌀 권리, 숨 쉴 권리」, 『AMC factory News』 3, 2013, 8~9쪽.
●● 이병렬·김기돈·김사강·김소령·김이찬·윤지영·이한숙, 『농축산업 이주노동자 인권상황 실태조사』, 국가인권위원회, 2013.

만 전문 기술직 종사자는 가족과 동반해 생활하는 것을 당연한 것으로 인정하면서도, 고용허가제나 방문취업제 등 단순노무직 이주자에게는 가족 동반 자체를 금지하는 것이다. 한국 기업에 취업한 미국인 남성에게 취업 기간에 가족을 데려와 생활하는 것이 '불법'이라고 말하면, 그는 아마 이해하지 못할 것이다. 이 원칙은 외국인을 출신 국가와 계급적 지위에 따라 분리하고, 단순노무직으로 오는 외국인에게 일과 가족의 의미, 가족과의 해외생활 기회, 양육의 기쁨 등을 박탈하는 비인간적인 규정이다. 가족 동반이 허용된다 하더라도 한국의 자문화 중심적인 환경이나 높은 생활비 때문에 외국인 노동자 모두가 가족을 데려올 수 있는 것은 아니다. 하지만 가족 동반을 '불법'으로 규정하느냐, '선택' 사항으로 두느냐는 노동자의 인권과 관련한 중요한 문제다. 한국 정부는 외국인 이주자의 권리 보호를 위한 국제협약인 '모든 이주노동자와 그 가족의 권리 보호에 관한 협약'ICMWR에 가입하지 않았다. 이주자와 그 가족의 정주를 막고, 그들이 체류할 경우 부담하게 될 사회 통합이나 사회 서비스 비용을 지불하지 않기 위해 가족 동반 금지 원칙을 강력하게 실시하는 것이다. 이주노동자는 가족 방문이나 동반이 허용되지 않는다면 이혼이나 가족 해체를 경험하게 될 것에 대해 우려한다. 가족의 좋은 미래를 만들기 위해 감행한 한국행 이주가 오히려 가족 해체를 불러일으킬 수 있는 것이다.

　이주노동자는 제한된 권리의 담보자지만 그렇다고 수동적이거나 막연하게 낙관적인 것만은 아니다. 한국 사회가 외국인 차별이 심한 나라임을 알지만, 동시에 문화적 소속감을 주는 종족 공동체가 있고 문화생활 수준이 높다는 점 때문에 가족을 데려오거나 정주를 꿈꾸는 이주노

서울글로벌센터가 상상하는 외국인 주민은 누구일까? 서울의 지하철역 홍보판.

동자도 증가하고 있다. 실제 한 조사에 따르면 고용허가제로 입국한 노동자의 15퍼센트가 한국에 계속 거주하기를 희망한다. 실제로 법의 허용 여부와는 상관없이 '인간적 욕구'에 의해 가족을 동반한 이주노동자의 비율이 꾸준히 증가하고 있는데, 이주노동자의 약 20~30퍼센트가 가족과 함께 살고 있다. 그리고 고용허가제로 입국한 기혼 이주노동자 중 14.2퍼센트가 배우자와 함께 살고 있다.[*]

이주노동자의 정주 욕구는 높은 임금의 일자리 등 단순히 경제적 요인에만 있는 것이 아니다. 이주노동자는 자신이 하는 고된 노동의 대가로 형제자매나 자녀들이 상대적으로 효율적인 사회 인프라와 질 높은 교육제도 등 한국 사회가 제공하는 현대 문화의 혜택을 받기를 원한다. 1세대 이주노동자는 한국에서 권리 제한과 하향 계층화를 경험하고 있

● 김석호·정기선·이정은·여정희, 「노동이주 추이와 사회 통합 정책의 과제」, 경제·인문사회연구회 협동연구총서, 한국여성정책연구원·한국사회학회, 2011, 50쪽, 77~78쪽.

음에도 이주노동이 자녀의 성공을 보장할 것이라는 믿음을 버리지 않고 송금으로 집안을 일으키기 위해 외롭게 고생을 견뎌내는 경향이 있었다. 최근에 한국에 오는 이주노동자는 근접한 아시아 국가 중 상대적으로 문화 수준과 교육열이 높고, 부패가 덜하며, 무엇보다 안전한 환경을 갖춘 나라로 한국을 바라보고 가족과 함께 한국에서 살기를 원한다. 이를 통해 미래에 대한 보다 풍요로운 기획을 가족과 함께하고, 라이프스타일의 변화가 이루어지길 소망한다. 글로벌 미디어의 확산에 따라 지역과 장소에 구애받지 않는 '욕망의 동시성'이 태동하는 것은 부정할 수 없는 현실이다. 출신국과 상관없이 외국인 이주노동자도 경제적 이주의 목적과 높은 삶의 질을 추구하는 라이프스타일 이주를 결합시키면서 한국에 정주하기를 희망하는 것이다.

한국 사회도 미숙련 이주노동자의 단기 순환 정책으로는 자본의 요구에 부응할 수 없다는 점을 인식하기 시작했다. 최근 한국 정부는 숙련 인력의 단절을 우려하는 기업주의 요청에 따라, 고용허가제로 들어온 외국인 이주노동자의 재입국을 허용하는 '성실근로자 재입국취업제도' 등을 시행했다. 이로써 이들은 9년 8개월까지 한국에 체류할 수 있게 되었다. 이 제도는 한국인 자본가의 이해관계를 적극 반영한 것으로, 자본력이 약한 중소 영세업체에게 숙련 기술자는 가장 중요한 생산수단이고, 외국인 이주노동자의 본국 귀환은 곧 사업장의 도산으로 이어진다는 우려가 현실화되고 있기 때문에 등장하게 된 것이다. 이 제도는, 단기 순환이라는 명목하에 미숙련 이주노동자의 체류 기간을 제한하지만 이들의 숙련화가 이루어지면 자본의 이해를 위해 부분적으로 유입국 사회에 수용·통합하는, 외국인 이주노동자에 대한 '이중적 태도'를 보여준다. 한국 정부는 한편으로는 초과 체류하는 외국인 이주노동자에 대한 강력한 규제와 추방을 언명하면서 한국인의 외국인 혐오주의를 부추기지만, 동시에 이주노동자 없이는 지속적인 사회경제적발전을 이루어내기 어려운 딜레마적 상황에 놓여 있다.

이미 여러 나라가 경험했듯이, 단기고용노동자제도를 통해 외국인이주노동자의 입국 통로를 제도화한 이상 이들의 정주를 완전히 불허하는 것은 불가능하다. 법과 경찰력에 의지하는 단속과 추방을 통한 정주 금지는 오히려 '불법적인' 통로를 만들어냄으로써 이주노동자와 정부 모두에게 위험 비용을 증가시킨다. 외국인 이주노동자의 장기적 정착을 허용하고, 가족을 구성할 권리, 사회보장제도에 참여할 권리 등을부여하면서 이들을 '통합'하는 일은 한국 사회가 시급하게 논의해야 할사안이다. 자본이 글로벌화하여 국경을 넘는 것처럼 현재 노동력도 글로벌화하여 경계를 넘고 있다. 글로벌 자본의 유동성만큼이나 국가의경계를 넘나들면서 자본주의 질서 확장에 따른 위기를 관리하는 이주노동자의 이동성이 증가하고 있음을 직시해야 한다.

유보된 삶에서 지속가능한 삶으로
버마 난민 이야기

보트피플, 추방된 사람들

'작은 쪽배에 수십 명이 뒤얽혀 수천 킬로미터의 바다를 항해한 후 초췌한 모습으로 해양경찰에 인도되는 사람들. 옷도 제대로 갖춰 입지 못해 담요 한 장에 의지해 비쩍 마른 몸을 감춘 사람들. 퀭한 눈으로 엄마의 마른 가슴팍에 기댄 아이들.'

우리는 위와 같은 '난민'에 대한 이미지를 미디어에서 자주 접한다. 이들은 다양한 이유로 고국에서 '추방된' 갈 곳 없는 사람들로 재현된다. 이들은 '무지하고 쓸모없고 삶의 희망마저 없는, 결국 먹여 살리고 부양해야 할 이방인'처럼 보인다. 이런 난민을 받아들이고자 하는 국가는 많지 않을 것이다. 그러나 우리 집에 일단 왔으니 '환대'의 윤리를 발휘해서 이들에게 안전한 거주지와 식사와 잠자리를 제공하고 위로를 해주어야 한다는 믿음을 가진 국민이 여전히 많다.

난민은 자국의 박해를 피해 타국에서 피난처를 찾는 외국인을 지칭한다. 유엔 난민협약은 난민을 "인종, 종교, 국적, 특정 사회집단의 구성원 신분 또는 정치적 의견을 이유로 박해를 받을 우려가 있다는 합리적 근거가 있는 공포로 인하여, 자신의 국적국 밖에 있는 자로서, 국적국의 보호를 받을 수 없거나 또는 그러한 공포로 인하여 국적국의 보호를 받는 것을 원하지 아니하는 자"라고 정의한다. 난민은 이런 점에서 자발적 이주자라기보다는 이주를 강요받거나 고국에서 추방된 사람들이다. 최악의 상황에는 고국에서도 권리가 박탈되고, 비호국에서도 난민 인정을 받지 못해 '국가 없는' 존재가 된다.•

유엔난민기구UNHCR는 무국적 상황의 난민을 '이중적으로 잊힌 존재'로 규정함으로써 난민이 본국과 비호국 모두에서 가장 무관심한 상태로 방치되는 현실을 지적했다. '부담스러운 존재', '잠재적으로 정치적 혼란과 문제를 일으킬 소지가 있는 자', '비호국의 이해관계와 무관하게 존재하는 이주자'라는 난민에 대한 잘못된 상식과 편견이 팽배하기 때문이다. 그러나 대부분의 난민은 국가의 통치방식과 폭력에 대항하면서 자신의 정치적 신념과 정체성을 지켜나가는 인권의 수호자다. 이것이 이들이 본국에서 박해를 받는 이유이기도 하다. 이후 비호국에서의 방치가 장기화되면 박해의 상흔을 가진 난민은 더 심각한 심리적 · 경제적 고통을 경험한다.

아시아에서 정치적 이유로 가장 많은 난민을 만들어낸 나라는 버마다. 기나긴 과정을 거쳐 마침내 난민으로 인정받은 버마 난민 두 명의 이야기를 통해 한국에서 '난민으로 산다는 것'이 무슨 의미를 지니는지

• 'protection'의 한국어 번역어로 '비호' 庇護를 쓰고 있다. 비호 신청자는 스스로 난민이라고 말하지만 난민 신청이 결정적으로 평가되지 않은 사람이며, 난민으로 평가되면 난민 인정자가 된다. 한국에서는 2013년 7월 31일 현재 5,670명의 비호 신청자 중 336명이 난민 지위를 인정받았다. 유엔난민기구 한국 대표부 공식 블로그 http://blog.naver.com/unhcr.korea 참조.

살펴보도록 하자.

유보된 삶의 고통

한국은 역사적으로 난민 생산국이었다. 19세기부터 기아와 빈곤, 식민 지배 등의 이유로 만주와 중앙아시아로 떠난 유민은 일종의 난민이었다. 국민국가가 형성된 이후 한국은 냉전체제의 각축장으로서 결국 전쟁터가 되었으며, 1950년부터 3년간 지속된 한국전쟁으로 대량의 난민을 발생시켰다. 거리에서 미군에게 '김미 초콜릿'을 외치며 먹을 것과 잠잘 곳을 찾아 거리를 헤맸던 고아들, 이후 냉전체제의 정치적 이데올로기 때문에 고문당하고 박해를 받아 나라를 떠난 사람들, 전향을 거부한 장기 복역수들 또한 난민이다. 이후 1970~1980년대 군부독재 시절엔 적지 않은 지식인과 활동가, 시민들이 '정치적 망명'을 선언하며 유럽과 미국 등지로 이주해 비호를 받았다. 이들은 고국에 돌아올 경우 반정부 활동으로 인해 고문을 비롯한 생명의 위협을 받을 수 있기에 난민이 되었다.

난민의 범주와 난민 신청자의 성격도 다양해지고 있다. 1951년과 1967년의 유엔 난민협약은 냉전체제의 산물로, 주로 정치적, 이데올로기적, 군사적 요인을 난민이 되는 중대한 사유로 보았다. 하지만 최근에는 전 세계적으로 벌어지는 경제적 분쟁과 환경 재앙이 대규모 난민 발생의 원인이 되고 있다. 그리고 신자유주의 경제질서의 확산으로 다국적기업의 자원 약탈이 일어나고 폭력적 정권이 이를 옹호하고 방관하는 일이 나타나는데, 이러한 글로벌 자본과 지역 정권의 결탁이 난민을 발생시키는 원인이 되고 있다. 전통적 의미에서의 난민과 빈곤 및 권리의 박탈 때문에 자국을 떠나는 사람 사이의 엄격한 구별도 모호해진다. 이런 난민은 '정치경제 복합 난민'으로 불린다. 난민의 수가 증가하면서 비호국들은 '진짜' 난민과 '가짜' 난민을 선별하는 데 혈안이 된다. 마이클 새머스는 어떤 정부가 누군가를 가짜 망명 신청자로 규정할 때, 과연 정치적 박해로 고통받는 사람과 심각한 경제적 어려움으로 고통받는 사람을 구별할 수 있는지, 그 경제적 고통이 선진국의 정책에 의해 발생한 결과라면 비호를 거부할 정당성을 지니는지에 대해 질문을 제기한다.● 경제 난민과 정치 난민의 성격을 동시에 띤 복합 난민이 증가하고 있기 때문에, 정치 난민과 사회적이고 경제적인 생존을 확보하기 위한 난민 신청자 간의 구별은 쉽지 않다. 따라서 전통적인 난민 비호국은 난민을 받아들이는 데 더욱 엄격한 태도를 보이며 인권주의 관점보다는 의심과 의혹의 감정으로 난민을 다룬다.

한국은 1992년 12월 3일 난민협약The 1951 Convention Relating to the Status of Refugees과 난민의정서The 1967 Protocol Relating to the Status of Refugees에 가입했는데, 일본, 중국, 필리핀, 캄보디아, 동티모르와 함께 난민협약에 가입한 여섯 개의 아시아 국가 중 하나다. 그러나 현재까지도 난민 인정에 매우 인색한 태도를 보이고 있다. 2000년까지 100여 명이 한국에 난민 지위를 신청했지만, 정부는 단 한 명도 난민으로 인정하지 않았다. 그러다가 2001년 2월 13일 에티오피아 출신의 난민 신청자가

● 마이클 새머스, 이영민 외 옮김, 『이주』, 푸른길, 2013, 41쪽.

국내에서 처음으로 난민 지위를 인정받았다. 이후 2003년부터 난민 신청자가 크게 증가하고 인정자 수도 함께 늘고 있다. 2008년 이후 매년 300명 이상이 난민 신청을 하고 있으며, 그 가운데 30~70여 명이 난민으로 지위를 인정받는다. 출신 지역도 중국, 동남아시아, 중동, 중동부 아프리카 등으로 다양하다. 그러나 난민 신청자 중 법부무의 1차 심사에서 난민으로 인정되는 경우는 1퍼센트도 안 된다.

난민은 위급한 상황에서 본국을 떠났기 때문에 입국이 쉬운 나라를 선호한다. 이때 이들은 브로커의 도움을 받기도 한다. 한국을 비호국으로 선택한 난민 신청자와의 인터뷰에서 한 가지 흥미로운 점은 한국을 기독교 국가로 알았다는 사람이 꽤 많다는 사실이다. 이는 한국 기독교의 '열렬한' 해외 복음 선교사업이 만들어낸 결과다. 어떤 사람은 한국의 대형 교회에서 발행한 선교사 비자나 복음대회 참가 자격으로 한국에 들어왔다가 난민 신청을 한다. 또 어떤 사람은 한국을 인권 보호가 잘되는 나라로 알고 온다. 김대중 대통령의 노벨평화상 수상이나 반기문 유엔 사무총장의 존재가 한국의 대외 이미지에 큰 영향을 미친 것이다.

한국은 아시아에서 일본 다음의 경제력을 가진 난민 보호국이고, 따라서 난민에게 매우 매력적인 목적지가 된다. 경제적으로 여유가 있는 나라는 민주주의와 인권 보호를 더 잘 실현시킬 수 있다고 믿기 때문이다. 그러나 한국은 제도적으로 충분히 준비되지 않은 상태에서 난민 비호국이 되었다. 다른 나라와 달리, 한국 정부는 난민 사유를 가진 사람이라도 한국 공항이나 항구에서 곧바로 난민 신청하는 것을 허용하지 않는다. 난민 신청은 일단 입국하여 1년 이내에 하도록 규정했다. 이 때문에 대부분의 난민 신청자는 입국해서 일을 하며 시간을 보내다가 난민 신청을 한다. 그러다 보니 이들의 난민 신청은 늦어지게 마련이고, 일을 하러 한국에 들어온 사람으로 의심받기 일쑤다.

난민 신청을 한 이후의 심사 과정 또한 문제다. 심사 과정에서 난민 신청자는 박해의 근거를 자세하게 설명해야 한다. 입증 책임이 난민 신청자에게 있기 때문에, 이 과정에서 이야기에 일관성이 결여되면 '꾸민 이야기'나 거짓말을 하는 것으로 간주된다. 그래서 일반적으로 난민 신청자는 자국의 언어로 인터뷰받을 권리를 보장받고, 국가는 이들의 언어를 통역·번역할 전문가를 선임해준다. 그런데 한국의 경우 2008년 당시 난민 신청자의 70퍼센트가량이 통역 없이 면담을 했다.* 전혀 익숙하지 않은 언어로 그 많고 복잡한 핍박과 공포의 사유를 설명한다는 것은 불가능한 일이다. 법무부에서 발급되는 '난민 인정 불허 처분에 대한 통지서'조차 한두 줄의 한국어로 쓰여 있기 때문에 난민 신청자는 불허의 사유도 이해하지 못했다. 의사소통은 물론이고 자기 삶의 중요한 전환점이 될 면담이 지극히 한국 중심적이고 행정 편의적인 방식으로 진행된다는 점은 '비호국'이라는 위상을 무색하게 만든다.

무엇보다 한국의 난민 인정 절차는 심사 기간이 매우 길고, 난민 인정률이 매우 낮다. 2013년 국내 난민법이 제정되어 난민 인정 절차기간을 6개월에서 1년 내로 줄일 수 있게 되었지만, 이 법이 제정되기 전까지 한국의 난민 심사 기간은 평균 2~3년, 길게는 4~5년이 걸렸다. 특히 난민 신청자는 난민 신청 이후 1년 동안, 혹은 소송 기간에 원칙적

● 이호택, 「한국의 난민 보호」, 일본난민지원협회 사단법인 피난처, 연세대학교 법학연구원 주최 『동아시아 난민 보호와 시민사회의 역할』, 2010, 36쪽.

으로 취업을 할 수 없었다. 다른 나라에서는 취업을 금지하는 대신, 난민 신청자의 정서적 안정과 사회적 생존을 위해 기본적인 생계를 제공해준다. 그러나 한국은 '당신은 난민 신청자이니 외국인 노동자처럼 취업을 해서는 안 된다'고 금지한 데다, 기초 생계 지원도 하지 않았다. 한국 정부가 암묵적으로 난민 신청자를 가난하고 의존적인 '불법' 이주자로 간주하기 때문에, 난민은 '난민다움', 곧 돈을 벌러 온 불법 이주자가 아니라는 사실을 증명하기 위해 생계를 포기해야 하는 형국이다. 인간의 생존에 대한 기본적인 이해가 결여된 한국의 난민 정책은 매우 폭력적이고 위압적이다. 취업 금지 기간이 장기화되면, 난민들의 스트레스는 극에 달하고 이들은 심각한 정서적·심리적 우울을 호소한다. 주거, 기본 생계, 의료 지원과 교육 지원 등이 전혀 이루어지지 않는 상황에서 아이가 있는 난민 신청자들은 가족이 밥을 굶거나, 아이를 교육기관에 보내지 않고 집에 가둠으로써 지출을 최소화한다. 이들은 비밀리에 주당 몇 시간의 아르바이트로 겨우 연명하기도 하지만 단속에 걸려 추방될지 모른다는 공포 때문에 이마저도 쉽지 않다. 본국 출신 친구나 동료가 많은 경제 이주자와 달리 난민은 같은 나라 출신끼리도 망명지에서 함께 어울리지 못한다. 때로는 종족, 인종, 종교, 젠더에 따라 넓은 의미에서 서로 가해/피해의 당사자가 될 수 있기 때문이다. 이런 이유로 난민은 이주자 중 가장 자기 의존적이며 고립된 삶을 영위하게 된다.

애초 신념이 강했던 난민 신청자들조차 시간이 지날수록 스스로 초라하고 비굴하며, 범법자가 된 기분이 든다고 토로한다. 나는 이들의 삶을 '유보된 삶'life on probation 이라 부르고자 한다. '유보된 삶'은 과거, 현재, 미래가 연결성과 연속성을 갖지 못한 채 마치 시간이 정지한 듯한, 지체된 삶을 말한다. 즉 인간으로서 해야 하고, 할 수 있는 일이 없기 때문에 내일을 확신할 수 없는 삶이다. 아무리 지혜롭고 의욕이 강한 사람이라도 구조적으로 강제된 빈곤과 무기력 속에서는 인격과 위엄을 지키며 살기 어렵다.

종족 분쟁의 희생자로 정치적 망명을 신청한 콩고 출신 헨리 씨는 벌써 4년째 난민 인정을 받기 위해 소송 중이다. 물론 취업은 금지된 상태다. 그는 "본국에서 정치적 박해를 받을 때보다 한국에 온 이후 더욱 큰 고통을 받고 있다more traumatized"라고 말한다. 그는 본국에서 당한 고문과 충격의 트라우마를 해결하지도 못한 채 한국에서 강제된 가난을 희망 없이 견뎌야 했다. 독실한 기독교도인 그는 현재의 유보된 삶을 "하나님이 더 큰 축복을 내리기 위해 가장 큰 시련으로 나를 시험하신다"라고 해석했다. 콩고를 떠날 때 박해로부터의 탈출을 꿈꿨지만, 오히려 현재의 고통을 하나님이 내릴 수 있는 가장 큰 시련으로 간주한다. 헨리 씨는 현재 교회 몇 곳에서 '신앙 간증'을 하고 기본 식료품을 제공받는 등, 한국인의 호의에 의존해 살고 있다. 나와 만날 당시 그는 분노와 자기혐오로 매우 격앙되어 있었다.

난민 보호를 천명하지만 난민에 대한 편견과 의심으로 가득한 한국의 법과 제도는, 난민과 난민 신청자의 삶을 불안하고 미확정적인 상태로 고착시킨다. 난민 신청자는 어떤 이주자보다도 더 빈곤하고 정서적으로 불안하다. 많은 난민이 본국에서의 박해보다 한국에서 더 깊은 고통을 받았다고 증언하는 것은 바로 이 때문이다. 난민이 유보된 삶에서 벗어날 수 있는 유일한 길은 하루빨리 난민 인정을 받아 체류권을 획득하고 취업을 하는 것이다.

버마 엑소더스

탄민우 씨와 하이디 씨는 현재 미얀마로 알려진 지역 출신이다. 그런데 이들은 자신들이 떠난 곳을 '미얀마'보다는 '버마'로 지칭한다.* 탄민우 씨는 2010년, 하이디 씨는 2009년에 난민 인정을 받았다. 이들이 난민 인정을 받게 된 사유는 정치적 박해다. 탄민우 씨는 민족민주연합 National League for Democracy(이후 NLD) 회원으로 버마의 군부정권에 항거했는데, 이를 입증해 난민 인정을 받았다. 하이디 씨는 반정부 활동이라는 정치적 이유와 함께 불교국가인 버마에서 소수민족인 기독교계 친 chin족 출신으로 종교·종족·정치 등의 복합적 이유로 난민 인정을 받았다. 이들이 그나마 난민으로 인정받게 된 것은 버마의 정치적 상황이나 소수민족에 관한 억압이 비교적 널리 알려졌기 때문이다. 버마는 군사 독재로 인한 동남아시아 최대의 난민 발생국이다. 아웅 산 수 치Aung San Suu Kyi가 이끄는 NLD 등 버마의 민주화 운동 세력은 군사정부의 인권 탄압으로 국내에서의 정치 활동이 어려워지자 해외에 망명정부와 민주화 기지를 건설했다. 그리고 버마는 정치적 이유뿐만 아니라 종교·종족 갈등으로 많은 수의 난민을 양산하고 있다. 특히 친, 카친, 샨, 카렌, 로힝기야 등 소수민족과 이슬람교나 기독교와 같은 불교 외 종교 신도들에 대한 박해가 심하다. 1990년대 미얀마 정부는 로힝기야와 같은 이슬람 소수민족에게 땅, 음식, 집을 빼앗고, 안전을 보장하지 않는, '네

● 나는 이들 버마 난민의 삶을 기록하면서 '버마'로 써야 할 문자가 컴퓨터 워드 프로그램 '흔글'의 자동 교정으로 '미얀마'로 고쳐지는 것과 지속적으로 씨름해야 했다. 난민은 본인이 떠나온 나라에서의 사회적 위치를 준거틀로 삼아 국가를 호명한다. 이 글에서는 버마 난민의 정치적 지향과 관련된 경우에는 '버마'로 쓰고, 단지 대외적이고 공식적인 국가명인 경우에는 '미얀마'로 기재한다.

안산외국인주민센터의 국가 표지판. 탄민우 씨와 하이디 씨는 본국과 3,763킬로미터 떨어진 한국에 산다.

가지를 차단하는'four cuts 전략을 통해 소수민족 억압 정책을 펴기도 했다.* 1988년의 대규모 반정부 시위는 군사정부의 학살과 탄압으로 이어졌다. 주류 민족인 버마인은 국경 부근 지역과 태국으로 피신했고, 친족은 가까운 인도로 도망갔다. 태국과 미얀마의 국경지대에 위치한 매솟은 정치 난민의 집중 거주지가 되었다.

● Eileen Pittaway, "The Rohingya Refugees in Bangladesh: A Failure of the International Protection Regime", In Howard Adelman(ed.), *Protracted displacement in Asia: no place to call home*, Aldershot, Hampshire, England: Ashgate Publishing, 2008, p.87.

정치 난민 탄민우 씨와 버마 공동체

탄민우 씨는 1997년 미화 3,500달러를 버마 브로커에게 지불하고 여권과 비자를 받아 한국에 입국했다. 브로커는 한국에 오자마자 탄민우 씨에게 여권을 잠시 빌려달라고 한 후 사라져버렸다. 그는 여권이 없는 상황에서 인천, 의정부, 평택, 안산, 김포 등 경기도 일대의 지역을 옮겨다니며 다양한 육체노동을 했다. 나는 그가 자신을 증명할 서류 하나 갖지 못한 채 얼마나 힘들게 일했을까를 염려했지만, "임금도 싸고 책임을 질 필요가 없어 어떤 보스는 '비합법적인' 외국인 노동자만 쓰기 때문에" 일자리 구하는 것이 그렇게 어렵지 않았다고 말한다.

그는 같은 지역 출신 사람들과 교류 없이 고립된 삶을 살다가 한국에도 NLD가 있다는 사실을 뒤늦게 알게 된다. 탄민우 씨는 줄곧 정치적 신념을 유지하고 있었다. 그는 2005년에 NLD 한국 지부의 회원으로 가입했고, 난민 신청을 한 지 5년 만인 2010년에 난민으로 인정받았다. 탄민우 씨는 오랜 기간 미등록/미서류 이주노동자로 일하다가 난민 신청을 한 경우다. 따라서 그는 정치적 박해를 피해서 온 난민과 경제 이주자 간의 모호한 경계에 놓여 있었다.

한국의 난민 신청자 중 많은 수가 탄민우 씨처럼 다시 고국으로도 돌아갈 수 없는 상황을 맞아 난민 신청을 한다. 이런 난민을 '현장 난민'refugee sur place(현지 체재 중 난민이 된 자)이라 부른다.* 탄민우 씨는 본국을 떠날 때부터 난민 사유를 갖고 있었지만, 오랜 기간 한국에서 '불법' 노동자로 일했고, 대표할 만한 정치적 경력도 없을뿐더러 대학을 졸업한 엘리트도 아니다. 정치 난민에게 부여된 숭고한 '진정성'을 증명할 수 없는 존재였던 것이다. 탄민우 씨의 난민 신청은 곧 거부되었고, 이후 5년이란 시간 동안 난민 인정 절차를 밟아야 했다. 한국 정부는 탄민우 씨와 같은 난민 신청자는 대부분 불법 체류를 합법적 상태로 만들기 위해 거짓으로 난민 사유를 꾸며낸 것이라고 단정한다. 탄민우 씨 같은 중간자적 존재, 즉 이주노동자인지 난민인지 모를 모호한 정체성을 보이는 사람은 한국의 NLD 지부에서조차 쉽게 받아들여지지 않았다. NLD 총무인 내툰나잉(실명) 씨는 '검증'의 필요성을 다음과 같이 설명한다.

버마(미얀마) 사람들은 서로를 믿을 수가 없었습니다. 우리는 서로를 설명해야 합니다. 어디서 일하는지, 어떤 조직에서 일했는지, 누구와 일했는지. 버마 사람이 한국 지부 NLD 회원이 되고 싶으면, 이사 회원 가운데 적어도 한 명의 추천을 받아야 합니다. 추천을 받은 후에 그 사람은 적어도 여섯 달 동안 우리의 모든 활동에 참여해야 합니다. 그래서 어떤 사람은 회원이 되는 데 1년이 걸리기도 합니다. 이 기간에 우리는 그 사람을 관찰하고, 그의 정치적 정직함 등을 파악합니다. 동시에 그가 적어낸 정치적 백그라운드와 이력서를 보고 버마에서 진짜로 이런 활동을 했는지를 조사합니다. 어쩌면 그가 군사정부의 정보원일 수 있기 때문입니

● 현장 난민은 본국을 떠날 때는 난민이 아니었는데 이후 난민이 된 사람, 즉 현지 체재 중에 난민이 된 사람을 말한다. 이들은 한국에 들어와 일하던 도중 본국에서 쿠데타나 혁명 등 급격한 정치적 변동으로 인해 돌아갈 경우 경험할 심각한 박해를 염려하여 귀국을 미루며 난민 신청을 한다. 네팔, 스리랑카, 버마 등에서 온 이주자들 중 산업연수생제도나 고용허가제로 한국에서 일하다가 내전 때문에 귀국할 수 없어 난민 신청을 하는 경우가 있다. 김현미·이호택·최원근·박준규, 『한국 체류 난민 등의 실태조사 및 사회적 처우 개선을 위한 정책방안』, 법무부, 2010, 16쪽.

다. 그건 너무 위험합니다. 이 기간이 지나면 우리가 투표를 해서 그 사람의 회원 가입을 결정합니다. 만일 그가 술을 많이 마시거나, 믿을 수 없거나, 다른 버마인과 싸울 경우, 우리는 그의 지원 요청을 거부합니다. 우리의 멤버십은 엄격하게 관리됩니다.

탄민우 씨는 한국 정부뿐만 아니라 기존의 한국 지부 NLD 회원들에게 자신의 '진정성'을 증명해내야 했다. 버마에서 NLD 회원이었던 것과는 별개로 한국 지부의 회원 자격을 획득하는 것은 쉽지 않은 일이지만, 탄민우 씨는 NLD 회원으로서의 정치적 존재감을 꼭 회복하고 싶다. 한국 정부도 이미 정치적 활동을 인정받은 한국 지부 NLD 회원에게는 난민 인정을 좀 더 쉽게 해주는 경향이 있었다. 전 세계의 다양한 분규로 인해 난민이 급증하는 상황에서 난민 업무를 관장하는 적은 수의 담당 공무원들은 '난민 사유'를 검증할 만큼 전문적이고 해박한 지식을 갖추지 못했기 때문에 난민 지원 단체나 NLD 같은 정치공동체에 의존할 수밖에 없다.

NLD 회원들은 일요일마다 사무실에 모여 정치학습을 한다. 이들은 자신이 왜 한국 사회에 머무르며 난민으로 살 수밖에 없는지에 대해 한국인에게 설명하길 원한다. 칠판에는 '민주화', '정치적 투쟁과 연대', '자유'라는 한국어가 쓰여 있다. 매달 두 번째 일요일 11시부터 12시까지는 미얀마 대사관 앞에서 반정부 시위를 한다. 시위가 없는 일요일에는 사무실에서 함께 점심을 해 먹고, 그 후 '정치적 토론과 논쟁'으로 오후 시간을 함께한다. 버마 민주화를 위해 무엇을 해야 하고, 무엇을 할수 있는지, 또 본국으로 돌아가기 전에 한국에서 무엇을 해야 하는지 등이 토론의 주된 내용이라고 했다. 공장 컨테이너와 공장이 생활반경의 대부분이었던 탄민우 씨는 NLD 회원이 되면서 국내외의 정치적 활동을 확장해갔다. 그들은 한국 국회의원들에게 버마 민주화를 설명하고 이해시키거나, 다른 나라 NLD와 초국적 정치공동체를 만들었다. 탄민우 씨는 한국에 와서 처음으로 본국인 버마와 한국 모두를 삶의 준거로 삼고, 양국의 구속과 한계에 반응하면서 의사결정을 해가는 경험을 했다. 즉 떠나온 본국 버마에 물리적으로 귀속되어 있지는 않지만 본국의 정치적 환경을 변화시켜나가기 위해 중층적인 네트워크 속에서 정치적 연대를 만들어가는 놀라운 경험을 하게 되었다. 버마에서는 반정부 시위에 참여하는 것으로 정치적 의지를 표현했지만, 고국과 떨어진 한국에서는 초국적 연대를 통해 공동의 정치 목적을 추구한 것이다.

탄민우 씨는 NLD 회원이 되었을 때가 난민 인정을 받았을 때보다 더 기뻤다고 말한다. 자신의 동지들에게 인정받았다는 느낌, 누군가와 함께 정치적 의견을 나누고 의미 있는 일을 하고 있다는 느낌은 오랜만에 느껴보는 감정이었다. 이런 감정은 신분조차 갖지 못한 미등록 이주노동자로서 10년 이상 떠돌이 생활을 해왔던, '사회적 장소'를 박탈당한 탄민우 씨가 처음 느끼는 소속감이었다. NLD 회원이 되면서 삶의 불안은 상당히 사라졌다. 그는 버마 민주화를 위해 싸웠던 과거의 명예를 회복했고, 한국에서의 불법 체류자라는 노예적 지위에서 벗어나 자존감을 회복했다. NLD 회원이 된다는 것은 단순히 정치적 소속감을 확인해주는 것뿐만 아니라, 유보된 삶에서 벗어나 '함께하는 미래'를 상상하게 해주었다. 경기도의 공장 컨테이너에서 고립된 미등록 이주노동자로 살던 탄민우 씨는 한국 NLD 활동을 통해 세계의 민주화 운동과 접속하였고, 그의 '정치적 난민성'은 한국에 오기 전보다 더 견고해졌다. 탄민우 씨의 사회적 성원권은 그를 난민으로 인정한 한국 정부로부터 주어진 것이 아니라, 버마 정치공동체인 NLD에서의 재정치화 과정을 통해 획득한 것이다.

소수자 난민 하이디 씨가 얻은 자유

버마 친족인 하이디 씨는 버마 남동부 친스테이트chin state 출신으로, 현재 경기도의 한 지역에서 영어 강사로 일한다. 독실한 기독교 신자인 그녀는 한국 교회 목사의 초청을 받아 '선교사 비자'로 한국에 왔다. 2005년 한국에 입국한 후 1년간 선교사 생활을 했다. 이후 비자가 만료되었고, 난민 신청을 고려하던 중 출입국 직원에게 붙잡혀 1년 6개월 동안 외국인 보호소에서 지냈다.

하이디 씨는 무남독녀다. 하이디 씨의 아버지는 정치적으로 아웅 산 수 치를 지원한 NLD 당원이었고, 그 활동 때문에 정부에 잡혀갔다. 어머니는 정치적 이유가 아닌 종교적 이유로 '자유'를 신봉하다가 역시 탄압을 피해 인도로 갔다. 열여덟 살이었던 1999년까지 하이디 씨는 부모와 떨어져 기독교 기숙학교에 다녔다. 마지막 학기를 다니던 중 재능공연talent night을 홍보하기 위해 사진과 만화로 홍보지를 만들었는데, 이게 '문제'였다. 아웅 산 수 치 문제를 논하거나 공연이나 인쇄 등의 문화적 표현을 통해 민주화를 고무하는 것은 '범죄'였다. 학교 근처의 CAMP13이라는 버마 군대가 이것을 보고 하이디 씨를 잡아가려 했다.

총격을 가하며 쫓아온 군인들을 선생님의 도움으로 피해 겨우 버마를 탈출해서 어머니를 따라 인도로 피신했다. 그 후 콜카타에 있는 신학교에서 5년간 기독교를 공부했다. 불행히도 어머니는 인도에서 잡혀 버마로 다시 보내졌고, 하이디 씨의 안전도 보장할 수 없었다.

그러다가 신학교와 연결이 된 한국 목사의 초청으로 선교사 비자를 받아 한국에 입국했다. 하이디 씨는 한국을 기독교 국가로 믿었고, 한국에서 선교사로 활동하면서 고아나 생활이 어려운 아이들을 돌보는 일을 하고 싶었다. 입국한 후에 목사 집에 머무르며, 그의 가족과 함께 살았다. 그녀는 목사가 자신의 사연을 잘 알고 있기 때문에 자신을 격려하고 위로해줄 것이라고 믿었다. 그러나 곧 자신이 '돈벌이 수단'으로 초청된 것임을 알게 되었다. 하이디 씨는 목사 교회의 부속 유치원에서 아침 7시부터 저녁 7시까지 영어를 가르쳤다. 하루에 쉬는 시간은 단 20분이었다.

아침 7시에 일어나 8시까지 목사님 자녀 두 명에게 영어를 가르쳤어요. 한 시간 영어를 가르치고, 8시에 유치원에 가요. 원생들 집에 가서 (유치원 버스로) 아이들을 픽업했어요. 그리고 9시부터 12시 30분까지 아이들 가르치고 1시까지 점심 먹어요. 20~30분 만에 식사를 마쳐야 해요. 1시부터 7시까지는 오후 영어수업을 해요. 이 아이들은 교회에서 온 아이들이었어요. 초등학교부터 고등학생까지 7시까지 가르쳤어요. 그다음 한 시간은 유치원 수업 자료를 준비하고 집에 와서 다시 목사님 자녀들을 가르쳐요. 영어 성경공부 시켜요. 보통 9시까지 하는데 상황에 따라 달라요.

버마에서 인도로, 인도에서 한국으로 탈출하는 과정에서 극심한 공포를 경험한 하이디 씨는 당시 부모와 연락이 끊긴 상황이었고, 완전히 홀로 남겨져 자신이 처한 상황을 호소하거나 도움받을 사람조차 없었다. 하이디 씨의 인생에서 교회는 유일한 은신처이며 믿음의 장소였다. 한국인 목사가 자신에게 '피난처'를 제공해줄 것이라 기대했지만, '우울해 보인다'는 이유로 그에게 자주 매를 맞고, 인도로 다시 보내겠다는 협박을 받았다. 어떤 고난이 닥쳐도 "신과 함께 행복했어요. 신이 우리를 위해 준비해주니까요"라는 강한 종교적 의지를 가졌던 하이디 씨는 목사와 자신이 믿는 신이 같은 신일 수 있는지 의심했다. 그런 와중에도 매일 열네 시간씩 영어를 가르치고 받은 돈 70만 원 중 30만 원은 인도의 고아원에 보냈다.

마침내 하이디 씨는 자신을 초청해준 목사를 떠나 다른 여성 목사를 찾아갔다. 그러나 두 목사 사이에 하이디 씨를 두고 '소유권' 싸움이 벌어져 자신을 한국에 초청한 목사에게로 돌아갈 수밖에 없었다. 그녀는 자신이 하나의 '상품'으로 거래되었다고 말한다. "영어수업은 사업이죠. 영어 사업이죠. 분명히 그것은 그의 사업이고, 나는 사업을 위한 노동자였어요."

선교사 비자 체류 기간인 1년을 넘긴 시점에, 길에서 출입국 관리소 직원에게 잡혀 외국인 보호소로 보내졌다. 목사의 손에서 벗어나자마자 한국 정부에 의해 구금된 셈이다. 외국인 보호소에서 18개월을 머무르는 동안 난민 신청을 했는데, 두 번이나 거부당해 소송을 제기했다. 그리고 마침내 2009년 공익변호사의 도움을 받아 난민으로 인정받을 수 있었다. 그녀는 아직도 두 번째 심사 때 한국 법무부의 난민 담당 직원의 질문을 기억한다. 그것은 '아웅 산 수 치의 생일을 말해보라는 것'과 '아웅 산 수 치의 어린 시절이 어떠했는지'에 관한 질문이었다. 반정부 활동을 한 이력이 사실이고 아웅 산 수 치를 존경한다면 생일쯤은 알아야 한다는 것이었다. 하이디 씨는 아웅 산 수 치의 생일을 알지 못했다. 그녀가 속한 친족에게 생일은 별반 의미가 없는 날이고 아이의 탄생을 축하하는 행사도 없을뿐더러 남의 생일은 더더욱 기억하지 않기 때문이다. 친족이 주류 버마족과 다른 문화를 가진 소수민족임을 이해하지 못하고 아웅 산 수 치를 존경하고 따른다고 해서 그녀의 생일을 기억해야 한다고 믿는 한국의 난민 담당 공무원에게 그녀는 매우 실망했다. 자신의 '정치적 의지'가 그런 사소한 질문으로 검증된다는 것이 불쾌했다.

하이디 씨는 우여곡절 끝에 난민 인정을 받았지만, 그녀의 아버지는 버마 감옥에서 처형되었고 어머니는 버마를 다시 빠져나와 인도 뉴델리에서 지내고 있다는 소식을 들었다. 어머니와 한국에서 만나 살기를 원하지만, 어머니가 인도로 급히 도망치느라 본인을 증명할 서류를 가지고 나오지 않았기 때문에 현재로선 방법이 없다.

탄민우 씨와 달리 하이디 씨는 상대적으로 고립된 생활을 하고 있었다. 그녀는 여전히 유치원에서 영어 교사를 하지만, 한국 목사나 한국 교회와는 교류하지 않는다. 그 대신 필리핀, 아프리카, 미국, 남아메리카 사람들이 모이는 외국인을 위한 국제교회에 다니면서 아이들을 위해 자원봉사를 한다. 그녀는 버마에서 NLD 활동을 했지만, 주류 버마족 남성 중심으로 구성된 한국의 NLD와는 교류하지 않는다. 버마인만이 중심이 되어 싸우는 '민주화' 활동 속에는 소수민족에 대한 차별 금

지나 성평등에 대한 의식이 없다고 생각하기 때문이다. 주류 남성 버마인이 독점한 리더십 때문에 소수민족 출신 NLD 회원들은 초대받지 못할 뿐 아니라 정보로부터도 늘 소외된다. 그녀는 버마 민주화를 위해 싸우는 NLD의 기획에는 동참하지만, 이곳에서조차 '무시받는 추종자'가 되고 싶지는 않다. 하이디 씨는 버마에서의 종족과 종교, 젠더 위계가 한국의 난민 지형에서도 되풀이되고 있다고 느낀다. 하지만 그녀는 난민 인정으로 그렇게 원하던 진정한 '자유'를 얻었다. 소수자로서의 자기 결정의 자유, 한국인 목사에게 상품으로 취급받지 않을 자유, 자신이 원하는 미래를 추구할 자유를 인정받은 것이다.

유보된 삶에서 지속가능한 삶으로

난민 인정을 받은 후 탄민우 씨의 삶에 경제적 변화가 생기지는 않았다. 더 좋은 직장을 찾은 것도 아니고, 정부의 지원을 받는 것도 아니다. 탄민우 씨는 여전히 같은 공장에서 미등록 이주노동자로 일한다. 난민으로 인정받아 합법적 체류권을 획득했다는 사실은 사장에게 아무 의미를 갖지 못했다. '난민 인정'을 받았다는 것이 무슨 의미인지 아는 한국인은 많지 않다. 그러나 추방되지 않고 체류할 수 있는 권리를 획득했기 때문에 탄민우 씨는 이제 지속가능한 삶의 가능성을 확장할 수 있다. 난민 인정을 받아 여행증명서를 발급받을 수 있으므로 고국을 뺀 모든 나라에 여행할 수 있게 된 것 또한 큰 변화다.

　무엇보다 탄민우 씨 삶의 가장 큰 변화는 인터넷 채팅으로 연애를 하고, 마침내 결혼했다는 사실이다. 스물여덟 살에 고향을 떠나 16년째 싱글로 살아온 탄민우 씨는 어느덧 마흔네 살이 되었다. 탄민우 씨처럼 NLD 회원들은 한국에서 10년 이상 장기 체류하면서 이미 마흔 살을 훌쩍 넘겼다. 버마에 두고 온 가족과의 재결합이나, '결혼'을 통한 새로운 '가족 만들기'는 난민 인정을 받는 순간까지 유보될 수밖에 없다. 주 6일의 노동과 정치활동, 고국의 상황을 전하는 인터넷 라디오 청취로 시간을 보내지만, 그렇다고 해서 근원적인 외로움이 해소되는 것은 아니다. 탄민우 씨는 다른 회원들처럼 '버마 사람만이 버마의 정치적 상황을 이해할 것 같아' 다른 나라 여성과는 교제해본 적이 없다. 그러다가 운 좋게도 2년 전 채팅에서 만난 버마 여성과 사랑에 빠졌고 드디어 결혼하게 된 것이다. 탄민우 씨는 결혼을 결심하기 전, 친누나에게 그녀를 직접 만나볼 것을 권유했고, 마침내 양가 가족의 동의를 얻어 결혼했다. 보통 난민 인정을 받은 NLD 남성은 가족을 통해 여성을 소개받거나 본국에서 원래 알던 여성과 결혼을 한다. 고국에 돌아갈 수 없기 때문에 버마가 아닌 다른 지역, 즉 태국과 버마 국경지대에 위치한 버마 망명정부에 가서 결혼 등록을 한다. 탄민우 씨는 방콕에서 결혼식을 올렸지만, 양가 가족 모두 참석하지 못했다.

비록 공장 컨테이너에서 신혼살림을 시작하겠지만, 탄민우 씨는 아내가 한국에 오면 해주고 싶은 일이 많다. 그는 요리를 잘하기 때문에 아내에게 맛있는 음식을 많이 만들어주고 싶어한다. 무엇보다 그의 꿈은 대학에서 한국어를 전공한 아내가 서울 명문 대학의 한국어 학당에 입학해 최고 수준의 한국어 수업을 듣고, 나아가 아내가 한국어 교사가 될 수 있도록 돕는 것이다. 그리고 모든 난민이 희망하듯이 버마의 상황이 좋아지면 고향으로 돌아가 소박하고 평화롭게 살고 싶다. 탄민우 씨는 미등록 이주노동자에서 정치 난민으로, 한 가정의 남편으로 '지위 변화'를 경험했다. 이런 다중적 정체성과 경험은 난민이 삶에 대한 신념을 잃지 않으면서 어떻게 지속가능한 삶을 구성하는지를 보여준다.

탄민우 씨와 마찬가지로 하이디 씨의 경제적 상황도 크게 달라진 것은 없다. 한국인에게 이들은 여전히 '외국인 노동자'일 뿐이다. 그녀는 한국 정부가 난민에게 '여기저기 떠돌 필요가 없는 안정적인 집'을 얻는 데 도움을 주기를 희망한다.* 그녀는 사회적 참여를 장려하는 지원과 의존적인 삶을 강요하는 도움을 구별할 줄 안다. 낮은 수준의 사회적 지원과 배려로 난민을 '수동적 의존자'로 취급하기보다는, 난민 개개인의 희망과 전문성을 인정하고 그에 대한 도움을 주는 방향으로 지원하는 것이 중요하다고 생각한다. 하이디 씨는 무엇보다 인도에서 취득한 대학 학위를 인정받아 교사자격증을 획득하고 싶다고 했다. 그러나 현재까지도 한국 정부는 난민의 고등교육을 지원하거나 학위를 인정해서 재취업할 수 있도록 하는 정책을 마련하지 못한 상태다. 한국에 거주하는 난민 신청자의 학력이 대학교 2학년 수준이며 대학 교육을 받고 싶어하는 비율이 높은 것을 고려할 때, 난민의 사회적 통합은 교육 지원의 가능성을 열어놓는 것으로 시작해야 한다.

하이디 씨는 난민으로 인정받고 난 후 생긴 가장 큰 변화로 직업을

● 김현미·이호택·최원근·박준규, 『한국 체류 난민 등의 실태조사 및 사회적 처우 개선을 위한 정책방안』 (법무부, 2010, 97쪽)에 따르면, 286명의 응답자 중 한 달 이상 지속적으로 머물 수 있는 안정적인 주거지를 가지지 못한 사람이 20퍼센트에 달했다. 주거 불안의 가장 큰 요인은 경제적인 것이고, 그다음은 한국인 집주인이나 관리인과 계약을 하기 어려운 그들의 지위다. 미얀마/버마 출신 난민 38.7퍼센트가 쉼터에서 머물고 있었다(102쪽).

가지게 된 것과 심리적으로 더 독립적이고 도전적이 되었다는 것을 들었다. 그리고 자기 삶을 개척해야 한다는 일종의 책임을 지게 되었기 때문에 스스로를 더 신뢰하게 되었다고 했다. 하이디 씨는 자신이 믿는 하나님의 뜻에 따라 필요한 사람에게 도움을 제공하고 싶지만, 아직까지는 하고 싶은 일이 많아 자유와 위안의 공간인 '집'을 벗어나길 원치 않는다. 그녀는 한국에서 '영어 상품'이 되어보기도 하고, 오랜 기간 '구금' 상태에 처해보기도 했다가 이제야 자유를 만끽하고 있었다.

하이디 씨의 '유보된 삶'은 본국에서의 박해 경험과 한국에서 증폭된 인격의 손상으로 점철되어 있었다. 난민으로 인정을 받았다는 것은 추락한 자기 위엄을 복원하는 일이고, 자신이 원하는 소박한 것들을 추구할 수 있는 자유를 획득했다는 의미다. 유보된 삶에서 지속가능한 삶으로의 전이는 그녀가 스스로의 존엄을 만들어가는 자유를 통해 이루어질 수 있다.

난민 논쟁, 배제의 정치와 미래의 민주주의

현재 많은 수의 국가들이 난민을 받아들일 것인가, 아니면 엄격한 '노비자' 정책을 통해 이들이 자국 땅에 발을 들여놓는 것조차 금지할 것인가를 두고 고민한다. 인권보호 국가로서의 위상을 유지하기 위해 난민을 수용할 것인가, 아니면 경제적 도구주의에 의거해 내몰 것인가? 이 문제는 최근 북미, 유럽, 호주 등 전통적인 난민 보호국의 딜레마로 등장하고 있다. 이들 나라에서 난민 문제는 선거철마다 국민을 감정적으로 분열시킨다. 다른 이주자에 비해 그 수가 매우 적은데도, 난민 문제는 국민을 정치적으로 편 가르는 데 쉽게 동원된다. 보수 정치인들이 난민을 밀입국하는 범죄자로 이미지화하여 난민에 대해 잘 모르는 국민에게 방어심리를 작동시키기 때문이다. 그리하여 많은 사람들이 난민은 한번 받아주기 시작하면 집단적으로 몰려올 수 있는 '짐스러운' 존재처럼 여기게 된다. 이런 심리적 전략이 난민을 쉽게 정치적 희생양으로 만들고, 이들의 이주 동기에 대한 깊은 이해와 인권주의적 관점을 배제시킨다.

미디어와 정치판에서 선별적으로 강조되는 난민의 이미지는 난민에 대한 무지를 지속시킬 뿐 아니라, 이들이 '쓸모없는 객'이라는 정서를 확산시킨다. 그러나 '고통받는 글로벌 타자'로 재현되는 그들의 모습에서 우리도 언젠가는 난민이 될 수 있다는 점을 직시해야 한다. 전 세계적으로 벌어지는 각종 분쟁과 환경 재앙의 규모는 점점 커지고, 삶의 예측 불가능성 또한 확대, 가속화되고 있기 때문이다. 최근 경제대국인 일본에서조차도 원전사고 이후 일본을 떠나 다른 지역에 비호를 신청하는 환경 난민이 발생하고 있다. 신자유주의 경제질서가 확산되면서 구조조정의 희생양이 되어 국가의 보호를 받지 못하는, '국가 없음'을 느끼는 사람들도 늘어나고 있다. 난민은 예외적인 존재가 아니라, 생존하고 자기 위엄을 지키기 위해 국민국가의 경계를 넘어 자신의 정체성을 재정의하고, 이에 따라 새로운 초국적 실천을 구성해가는 이주자인 것이다.

난민 신청자 중 1퍼센트 정도만을 받아들이고, 난민에 대한 사회 통합 노력이 전무했던 한국 사회도 2013년 난민법을 제정했다. 난민 신청

기간 제한을 폐지하고, 난민 신청자에게 기초 생계비를 지원하는 등의 변화는 커다란 진일보지만, 한편 법은 새로운 구속과 강제를 만들어내기도 한다. 그 한 사례가 난민의 실제 거주지와 멀리 떨어진 영종도에 난민지원센터를 설립한 일이다. '지원'과 '격리', '통합'과 '고립'이라는 애매한 경계에 세워질 난민지원센터는 이미 큰 논란이 되고 있다.

그동안 한국의 난민 정책은 난민 신청자와 인정자를 미확정적인 상황으로 내몰아 그들의 불안감을 키워왔다. 이들의 삶을 유보적인 상태로 고착시켰고, 비호국인 한국에서 더 깊은 고통을 경험하게 하는 부정적 효과를 낳았다. 난민이나 난민 신청자는 다른 이주자와 마찬가지로 더 나은 삶에 대한 기대를 안고 새로운 미래를 기획할 수 있다는 열망을 가진 적극적인 행위자다. 따라서 난민 관련 정책은 '경제 중심주의'나 '국민국가주의' 원칙이 아닌 '인권 중심적' 권리 개념에 기반을 두어야 한다. 글로벌 스탠더드를 외치며 전 영역의 '선진화'를 부르짖는 한국 정부의 외침이 공허하지 않기 위해서는 난민을 받아들이는 비호국이 어떠한 통합 정책을 취하느냐에 따라 난민의 삶이 확연히 달라진다는 것을 인식하는 게 중요하다. 지금처럼 난민을 영구적 주변부 계급으로 전락시킬 것인가, 아니면 난민의 인권 감수성과 자유의지를 한국인과 공유하면서 민주주의를 확장하는 데 기여하게 할 것인가.

아이의 눈으로
이주 아동/청소년의 성장기

두 번의 생일잔치

중학교 3학년인 라딥은 생일잔치를 두 번 한다. 한번은 동네잔치다. 어머니가 며칠 전부터 준비한 요구르트, 미라니, 뿔라우, 밥 등 방글라데시 음식을 동네 방글라데시 어른들과 함께 먹고 즐긴다. 제법 성인 티가 나는 라딥은 방글라데시 민속의상을 입은 본인과 가족들 사진으로 표지를 만든, 노래 시디를 만들어 잔치에 오신 분들에게 나누어주었다. 라딥은 이날 생일을 기념하기 위해 온, 100명도 넘는 '방글라데시 삼촌, 이모들'과 함께 종일 먹고 놀았다. 라딥은 동네 생일잔치에는 한국 친구를 초대하지 않는다. '사는 게 달라서' 친구들이 집에 오는 것이 싫다. 한국 친구들과 생일파티를 할 때는 피자를 먹고, 피시방과 노래방에 가서 늦게까지 논다. 라딥은 가구공단 이주노동자 마을과 한국 학교라는 두 장소에 속한 사람들이 각각 '승인'하는 의례의 방식에 따라, 생일잔치를 두 번 치른다. 라딥의 어머니는 매해 '이번이 한국에서의 마지막 생일'일지 모른다는 생각에 밤을 새워가며 음식을 만든다. 라딥의 첫 번째 생일파티는 방글라데시 이주노동자들이 '문화적 생존'을 과시하고 고향에 대한 그리움을 함께 나누는 마을잔치다. 반면에 한국 친구들과의 두 번째 생일파티에서는 '쿨'하게 인스턴트 음식으로 요기를 한 후, 오락이나 게임을 하면서 남성적 동지애를 다진다.

라딥은 네 살 때 어머니, 누나와 함께 한국에 왔다. 당시 산업연수생으로 한국에 왔다가 미등록 이주노동자가 된 아버지와 함께 살기 위해서였다. 라딥은 가구공단에 12년째 거주하는 장기 체류자다. 가족의 재결합이 이루어진 지 1년도 안 되어 아버지는 단속에 걸려 추방되었지만, 한국에는 여전히 어머니, 누나, 라딥이 살고 있다. 라딥의 어머니는 한국말이 서툴러 아이들의 도움을 받아야 하고, 누나는 한국말과 방글라데시의 말을 완벽하게 구사하는 데 비해, 라딥은 방글라데시의 말을 알아듣긴 해도 완벽하게 읽고 쓰지는 못한다. 라딥은 한창 나이 때의 친구들과 장난치는 재미에 빠져 있다가도, 아버지를 대신해 누나의 옷차림과 귀가 시간에 잔소리를 해대는 '꼬마 가부장' 노릇을 한다. 방글라데시에서 가족을 애타게 기다리는 아버지와 떨어져 산 지 10년이 넘었지만, 본국에 관한 상상력이 전무한 라딥은 고향에 돌아가길 원치 않는다. 어머니는 애태우고 있는 아버지와 한국에서 할 일이 많은 자녀들 사이에서 귀환 시기를 결정하지 못하고 있다.

라딥처럼 외국인 집단 거주지에 살거나 동일 국가나 동일 종족 출신과 교류가 많은 이주 아동/청소년은 풍요로운 문화적 세례를 받으며 성장한다. 인근 지역에 거주하는 선주민과의 교류가 거의 없는 이주자들은 일요일에 함께 모여 음식을 해 먹고 종교 모임에 참여하는데, 이때 어린 자녀들은 특별한 관심과 사랑을 받는다. 나이나 혈연관계와 상관없이 '이모'나 '삼촌'으로 불리는 성인에게 둘러싸여, 아이는 삶의 통과의례 때마다 축복을 받고 귀여움을 독차지한다. 대부분 단신 이주자가 많은 이주 커뮤니티에서 아이의 존재는 특별하다. 아이는 척박한 이주지에서도 '삶은 세대를 이어 지속된다'는 심리적 안정감을 주며, 넓은 의미의 유사 가족적 지위를 서로에게 부여하는 기능을 한다. 이주자가 단순히 돈을 위해 노동력을 팔러 온 존재가 아니라, 서로 사랑하고 가족을 꾸미고 아이를 양육하는 책임 있는 부모일 수 있다는 사실은 자부심의 원천이 된다. 이주자는 타국에서의 외로움과 고립감을 아이에 대한 헌신과 사랑으로 이겨내기도 하고, 두고 온 자녀에 대한 죄책감 때문에 다른 이주자의 자녀에게 대가 없는 사랑을 베풀기도 한다.

라딥처럼 이주자 게토인 가구공단에서 성장한 아이는 문화적 풍요로움 안에서 특별한 돌봄을 받지만, 유입에서 귀환까지 주류와 접촉할 기회가 많지 않은 이주자 성인과 달리 주류 제도교육에 참여하기 시작하면서 '이주자들의 문화적 동질성'의 세계로부터 이동한다. 이주 아동은 한국 아이들이 주말이나 방학 때 무엇을 하는지, 부모와 어떤 대화를 나누고 어떤 것을 요구하는지, 청소나 설거지 등은 왜 하지 않아도 되는지, 생일파티는 어떻게 하는지 등을 알게 되면서, 자신이 '다르다'는 것을 깨닫기 시작한다. '아이의 눈' 앞에는 두 개의 상이한 세계가 놓여 있고, 아이는 두 문화 사이를 상상적으로 왕래하는 것에 익숙해진다.

학교는 이주 아동을 변화시키는 가장 결정적인 장소다. 이주 아동은 대부분 학교에 들어간 후 참조집단을 빠르게 변화시킨다. 한국의 대중문화나 미디어를 모르면 또래 친구와 대화하기 어렵고, 비슷한 것을 소비하지 못하면 어울릴 수가 없다. 시간이 지나면 학교가 옹호하는 한국

주류집단의 사고와 관습을 "유일하게 정당하고도 당연한 것으로 받아들이기 시작한다".• 이주 아동은 한국 아이들이 하는 행동과 말투, 음식 취향을 모방하면서 주류집단의 구성원다움을 연행한다. 때로는 얼굴색, 젠더, 계층적 지위 등의 '차이'를 모험심, 색다름, 유머 등으로 재포장하면서 과감한 자아를 구성하기도 한다. 주류집단에서 쉽게 '눈에 띄는 존재'가 될 수밖에 없는 이주 아동이 소속감을 획득하기 위해 벌이는 노력은 성인 이주자의 그것보다 더 즉각적이고 절실하다. 두 개의 서로 다른 세계에서 요청되는 '귀여움'과 '대담함'의 다중적 정체성 사이에서 질풍노도의 사춘기를 경험하는 라딥처럼 이주 아동은 '사랑'과 '낙인'이라는 극단적 인정/불인정의 세계를 항해한다.

　이 장에서는 내가 만난 이주노동자와 난민 자녀들의 '한국에서의 성장기'를 소개하고자 한다. 한국에는 현재 다양한 이주 배경을 가진 아동과 청소년이 살고 있다. '이주 배경 아동 및 청소년'이란 '이주 경험이 있는 부모를 둔 아동과 청소년'을 지칭하는 말로 '다문화 가족의 자녀', 부모 중 한 명이 한국인과 결혼하여 외국에서 성장하다가 '중도 입국한 자녀', 그리고 '외국인 노동자의 자녀', '북한 이탈 주민 자녀' 등을 포함한다.•• 하지만 여기에서는 이주노동자와 난민 자녀에 한정하여, 이들이 한국에서 무엇을 느끼며 성장하고 있는지, 한국 학교를 어떻게 경험하고 있는지 등에 초점을 맞출 것이다. 이주자 부모는 아이들에게 어떤 희망을 품고, 왜 아이들의 '빠른 한국화'를 복잡한 심정으로 바라볼 수밖에 없는지도 함께 생각해볼 것이다.

●　정영혜, 후지이 다케시 옮김, 『다미가요 제창: 정체성, 국민국가 일본, 젠더』, 삼인, 2011, 103쪽.
●●　무지개청소년센터, 「이주 배경 청소년이란?」(http://www.rainbowyouth.or.kr), 2013.

신분 없는 아이

이주 아동은 부모의 한국 이주로 인해 한국에 살고 있는 아동으로, 본국에서 출생하여 본국 국적을 가진 아이와, 한국에서 출생한 아이로 나뉜다. 혈연에 의해 국적을 세습하는 속인주의 원칙에 따라, 한국에서 태어난 아이는 부모 중 한 명이 한국인이 아니면 태어나도 한국 정부에 출생을 등록할 방법이 없고, 법적 의무를 지지도 않는다. 한국에서 태어난 이주 아동은 본국 대사관을 통해 출생 등록을 해야 하는데, 이것도 쉽지 않은 일이다. 각국의 출생등록법에 따라 본국에서만 출생 등록을 할 수 있는 경우, 아이를 한국에서 등록할 길이 없다. 난민 신청자의 경우에는 국가의 정치적·사회적 박해를 피해서 온 사람들이기 때문에 본국 대사관을 방문하는 것조차 꺼리게 된다. 이주 외국인 자녀는 다양한 이유로 출생 등록조차 하지 못한 채 '무국적' 또는 '신분 없는 아이'가 된다.

이주 외국인 자녀에게 출생 등록의 통로 자체를 제공하지 않는 한국에서 신분 없는 아동은 지속적으로 증가한다. 문제는 신분 없는 이주 아동은 국가에 의해 '법 앞의 인간'이 될 자격을 갖추지 못해, 건강권·교육권 등 아이의 성장에 필요한 기본적인 권리에 접근할 수 없다는 점이다.* 사실 한국은 국제아동권리협약에 가입했기 때문에 아이의 체류 자격 여부와 상관없이 아이가 '사회적 존재'로 성장할 수 있도록 제반 지원을 제공해야 한다. 한국의 교육기본법에 따르면 국가는 개인

---

* 김철효·김기원·소라미·신예진·최서리, 『이주 배경 아동의 출생 등록』, 세이브더칠드런, 2013, 11쪽.

의 사회적 신분이나 경제적 지위에 따른 차별 없이 모두에게 교육받을 권리를 부여하고 의무교육을 보장해야 한다. 따라서 신분이 없는 미등록 이주 아동도 최소한 중학교 과정까지는 교육을 받을 수 있다.* 그러나 존재 자체가 세상에 알려지지 않은 미등록 이주 자녀의 경우 외국인 부모가 학교장을 찾아가거나, 행정기관과 한국어로 접촉해야 하는 등 현실적으로 자발성을 발휘하기 어려운 상황이 생겨난다. 이 때문에 지원 단체나 지인의 도움을 받지 못하는 고립된 이주자는 아이를 학교에 보내지 못하는 경우가 비일비재하다. 아이는 자연스럽게 부모의 권리 상실을 세습받거나, 완벽하게 침묵하는 존재로 살아간다.

국가인권위원회에 따르면 미등록 이주 아동은 학년이 올라갈수록 취학률이 낮아지는데, 이는 "거주지 불안정, 경제적 어려움, 신분 노출 우려 등의 이유와 함께 취학에 필요한 '출입국에 관한 사실 증명' 또는 '외국인 등록 사실 증명'을 할 수 없기 때문이다".** 부모의 체류 자격은 종종 아이에게 대물림되어 아이의 성장 전 과정에 영향을 미친다. 마찬가지로 체류 자격이 있다고 하더라도, 한국처럼 '아는 사람끼리' 교환되는 정보에 접근하거나 고비용의 교육비를 지불할 능력이 없다. 이주자는 공교육 외에 의존할 수 있는 다른 수단이 없기 때문에, '투자가 곧 사회적 상승 이동'과 직결되는 한국 사회에서 부모와 아이 모두 희망을 조정하거나 줄여나가는 방식으로 적응해간다.

이주자는 한결같이 '자녀의 미래를 더 좋게 만들기 위해' 힘든 이주자의 삶을 감내한다고 말한다. 경제적으로 어렵지만 교육열과 자녀에

---

* 국가인권위원회, 『09-10 인권 상담 사례집』, 2010, 179쪽.
** 위의 보고서, 179쪽.

대한 관심이 아주 높은 편이다. 그런데 점차 학교에서 멀어지는 아이들이 생기기도 한다. 아이가 학교에서 소속감을 느끼지 못하는 데는 다양한 원인이 있다. 학교는 평등한 기회와 접근권을 보장하지만, 동시에 차별과 배제를 만들어내는 장소이기도 하다. '신분이 불안정한' 아이의 삶에 큰 영향을 미치는, 보이지 않는 '배제' 장치가 있는 것이다.

한국은 주민등록이라는 국민신분 인증제도와 잘 발달한 인터넷, 정보화 시스템을 통해 사회적 서비스 제공과 신분을 강력하게 연동해왔다. 주민등록은 한국인과 비한국인을 구별하는 가장 강력한 제도일 뿐 아니라, 권리 행사와 사회적 서비스의 접근 가능성을 결정한다. 한국처럼 사소한 것부터 큰일까지 '신분'을 요구받고 증명해야 하는 사회에서 '신분 없이' 또는 신분이 불안정한 상태로 산다는 것은 매우 불편하고 불안한 일이다. 신분이 없는 미등록 이주노동자가 가장 열악한 일에 배치되는 것과 마찬가지로, 미등록 이주 아동은 기회 구조의 하위체제로 종종 편입된다.

버마 출신의 아웅틴우 씨는 초등학교 1학년 딸을 두고 있다.[*] 그녀가 난민 인정을 받지 못하고 대사관에 딸의 출생 신고도 하지 못한 탓에 딸은 '무국적' 상태다. 적절한 체류 비자가 없어 은행 통장을 개설할 수 없었다. 딸이 어린이집에 가기 전까지는 통장과 신용카드가 없는 불편함을 그냥 견디면 된다고 생각했다. 한국의 보육시설과 학교는 아이의 교육비나 행사 참여 등과 관련한 제반 비용을 은행 계좌로 보내거나 인

---

[*] 김현미·이호택·이혜진·신정희·이연주, 『한국 거주 난민아동 생활실태 조사 및 지원방안 연구』, 세이브 더칠드런, 2013, 35~36쪽. 이 책 175~177쪽의 난민 자녀들의 사례는 이 보고서에서 연구된 것을 바탕으로 했다.

터넷으로 결제하는 스쿨뱅킹 시스템으로 운영된다. 이런 행정 편의주의 시스템은 미등록 상태 혹은 단기 체류 외국인 이주자 부모를 당황스럽게 한다. 아웅틴우 씨는 어쩔 수 없이 매번 현금으로 유치원 교육비를 지불했다. 영수증은 물론 받을 수 없었고, 선생님이 교육비를 두 번이나 못 받았다고 해서 그 큰돈을 다시 지불해야 했다. 선생님에게 봉투를 건넬 때 이를 본 친구가 있었는데도 선생님이 자신을 의심하고 교육비를 내지 않았다고 한 일에 아웅틴우 씨는 큰 상처를 받았다.

더욱이 신분과 연동된 한국의 제반 시스템은 단순한 불편함의 정도를 넘어 의도하지 않은 배제의 효과를 만들어낸다. 코트디부아르 출신 난민 신청자인 헬렌 씨의 일곱 살 난 아들은 어린이집에서 현장학습을 갈 때마다 참여할 수가 없다. 외국인등록번호가 없어 여행자보험을 들 수 없기 때문이다. 현장학습이나 야외활동을 하는 날이면 헬렌 씨는 '어린이집에 안 가고 집에 있는 날'이라고 아이에게 거짓말을 했다. 물론 엄마의 거짓말이 소풍으로 들뜬 아이의 흥분과 기대를 잠재우지는 못했다. 교사의 인간적인 배려나 시스템의 융통성, 좀 더 포괄적인 돌봄 체계가 있다면 해결할 수 있는 일인데도, 한국에서 이주 아동이 현장학습이나 소풍, 수학여행을 못 가는 것은 매우 흔한 일이 되었다.

그 외에 모든 아이에게 열려 있는 취미활동이나 특별한 역량을 키우는 활동에도 이주 아동은 제약을 받는다. 버마 출신으로 열두 살, 네 살 난 자녀를 둔 로텐 씨는 예측할 수 없이 요구되는 '신분증'에 대한 공포가 있다. 로텐 씨는 아이들이 학교에 가기 시작한 이후부터 신분이 어떻게 아이들을 특정한 배제적 범주로 구성해내는지에 대해 다음과 같이 말한다.

아이가 학교에서 태권도 대회나 한자시험, 한국어능력시험에 참가하려면 주민등록번호나 외국인등록번호가 필요한데 우리는 없어서 참가 못해요. 버스카드 같은 것도 원래 학생으로 등록하면 할인받을 수 있는데 신분증이 없어 학생 교통카드도 만들지 못해요. 왜 자기는 없는지…….. 친구들은 다 할 수 있는데 못하니까 아이가 신경을 많이 쓰는 것 같아요. 신분을 증명할 수 있는 게 아무것도 없으니까 스쿨뱅킹 이런 것도 할 수 없어요.

외국인등록증과 같은 신분이 있는 경우에도 '국민'이 아니기 때문에 배제되는 경우가 종종 있다. 국가인권위원회에 제기된 다음의 사례는 아동과 청소년도 국민이 아니면 정치적 충성도를 '의심받을 수밖에 없는' 존재로 취급된다는 점을 여실히 보여준다.

조카는 화교 3세로 한국에서 태어나 초등학교, 중학교에 다녔습니다. 중학교 수학여행을 금강산으로 가려고 모든 절차를 거쳐 강원도로 배를 타러 갔습니다. 그런데 ○○측은 외국인, 즉 화교 3세는 금강산에 갈 수 없다고 해서 결국 담임선생님까지 수학여행을 못 갔습니다. 화교라는 이유로 금강산 수학여행도 갈 수 없는 것은 차별이라고 생각합니다.[•]

배제는 의도적이거나 고의적인 결과로 생겨나는 것만은 아니다. 국가의 거대한 법이나 제도뿐만 아니라, 미세한 생활영역의 많은 부분이

• 국가인권위원회, 「이주민 인권」, 『09-10 인권 상담 사례집』, 2010, 176쪽.

'국민' 혹은 주류로 간주되는 사람을 기준으로 만들어진 산물이다. 이런 산물을 영구적이고 당연한 것으로 받아들여온 한국인은 이것이 어떻게 '배제적 권력'을 행사하는지 잘 알지 못한다. 가시적인 차원의 배제와 더불어 이주 아동이 일상적으로 경험하는 다양한 배제의 경험은 구조적 차별을 공고히 하는 데 기여한다. 특히 평등과 소속감을 증진해야 할 학교가 다양한 배경을 가진 아이들의 사회적 조건을 이해하지 못하고 기계적으로 행정 시스템을 작동할 경우, 이주 아동은 '소속의 감정'을 갖기 힘들다.

보통 한국말을 잘하고 한국 학교를 다니면, 아이는 자신을 넓은 의미의 '한국인'으로 간주한다. 이들에게 '한국인'의 기준은 한국어, 한국 음식, 한국 학교, 한국 친구, 한국 대중문화에 대한 친근감이고, 이들이 정의하는 한국인의 정체성은 그런 것에서 연유한다. 그러나 학교에서 갑작스럽게 경험하는 '신분의 정치'는 아이에게 혼란감을 준다. 초등학생 딸을 둔 가봉 출신의 사뮈엘 씨는 딸이 대한민국 사람이라는 것을 증명할 만한 여권이나 서류가 없어 한국 국적이 아니라는 것을 알고 있긴 하지만, 동시에 가봉에 대해서도 전혀 정보가 없고 그곳에 돌아갈 희망도 없다고 믿기 때문에 정체성에 큰 혼란을 경험한다고 말한다. '한국에서 태어났고, 한국 사람을 보며 자랐는데 한국인으로서의 삶이 거부당했다고 생각하여 혼란을 느끼고 있다'는 것이다.

신분주의가 일상의 영역을 조밀하게 관장하며 이주 아동의 교육 기회와 경험을 제한하는 것만큼, 이주 아동은 학년이 높아질수록 얼굴색, 계층, 종족, 국적 등에 기반한 다중적 배제를 내재화하게 된다. 이에 대한 저항으로 일부 이주 아동/청소년은 집단적 인정이나 관심을 받기 위해 '도덕적으로 논란이 되는' 또는 '가벼운 범죄를 조장하는' 하위문화에 참여하기도 한다. 어떤 아동/청소년은 이런 어려움을 만들어내는 원인 제공자로서 부모를 원망하거나 열등한 존재로 바라보면서 부모로부터의 '분리'를 꿈꾼다.

무엇보다 단일민족 중심의 국민국가주의와 인종주의에 결박된 한국의 교과서와 교육매체 등은 왜 이들이 한국에 살고 있는지, 이주자가 한국 사회의 기저를 형성하면서 어떻게 사회에 공헌하고 기여하는지를 알려주지 않는다. 결국 어떤 이주자 자녀는 부모가 존재이유로 언급하는 '자녀의 교육과 좋은 미래'라는 희망을 배반하면서, 싼 임금을 제공하는 이주노동자로, 부모의 사회적 조건을 재생산하는 구조로 유도된다. 모든 사회는, 특히 한국처럼 늘상 글로벌 선진국을 자축하는 사회에서는 성인이 되지 않은 아이는 일차적인 사회적 돌봄과 배려의 대상이라고 주장한다. 그러나 이주 아동에게 나이는, 즉 성인이 되지 않았음은 '보호'와 '권리'를 주장할 근거가 되지 못한다. 한국 사회의 신분관리제도는 이주자 부모의 무권력적 지위를 그 자녀가 대물림하는 것에 대해 방관한다.

갈라지는 희망과 기대

아이들이 하루가 다르게 성장하는 모습을 지켜보는 건, 모든 부모의 기쁨이다. 아이들은 한국어와 한국 문화를 빠르게 배워나갔다. (……) 그러나 언제부턴가, 아이들이 커가는 모습을 마냥 편안하게만 지켜볼 수 없다는 걸 깨달았다. 아이들이 너무 빨리, 그리고 일방적으로 한국 문화에 길들여지고 있다는 생각이 들면서부터였다. 조나단이 집에 와서 "아빠, 나 오늘 급식으로 나온 김치 하나도 안 남기고 다 먹었어요!" 하고 자랑할 때는 칭찬을 아끼지 않았지만, 바로 그날 "엄마는 한국 음식 못 만들어? 나 콩고 음식 싫은데……" 하고 전에 없던 반찬 투정을 하면 가슴이 서늘해졌다.[•]

난민 인정자인 욤비 씨는 콩고를 떠난 후 6년 만에 한국에서 가족과 재결합했다. 세 아이가 인종이나 언어 때문에 혹시 한국에서 적응하지 못할까봐 노심초사했지만, 아이들은 오히려 빠르게 한국 문화를 습득하면서 부모의 언어, 음식, 가치관에서 거리를 두는 '한국 아이들'이 되어 갔다. 욤비 씨 같은 이주자는 본국의 문화나 가치관, 언어를 전수할 방법이 마땅히 있지 않기에 아이가 주류 문화에 급속히 동화되어갈 때 한편으로는 마음을 놓지만, 다른 한편으로는 문화적 단절을 걱정한다. 한국에서의 삶 또한 '임시적', '유동적'인 것이고, 언제든지 본국이나 다른 나라로 가야 하는 상황이 올 수 있기 때문이다. 부모에게 기대되는 자녀의 '사회화'와 '문화화'의 역할이 좌절될 때, 이주자 부모는 자존의 근거를 상실하게 된다. 마찬가지로 이주자 자녀는 다수 한국인의 '눈'으로 자기 부모를 바라보는 것에 익숙해지면서, 부모를 동정하거나 존경하면서도 문화적으로 이질적인 부모를 부끄러워하거나 무시한다. 이주자 부모는 자신의 고통은 아이가 공부를 잘해 전문직 종사자가 되면 만회

● 욤비 토나·박진숙, 『내 이름은 욤비: 한국에서 난민으로 살아가기』, 이후, 2012, 293~294쪽.

된다고 생각하지만, 정작 이들은 아이의 학교 숙제도 돌봐주지 못하는 '외국인'에 불과하다. 한국에서 성장하는 난민 및 이주자 아동의 경우, 사랑을 주고 문화를 전수해줄 본국의 친척과 단절되었기 때문에 양육과 문화적 전수를 포함한 아이의 사회화는 오로지 부모를 통해 이루어질 수밖에 없는 상황이다. 그런 이유로 이주자 부모의 양육 스트레스는 높은 편이다. 부모는 아이가 성장할수록 교육이나 문화적 전수 등에 개입할 수 있는 영역이 점차 줄어든다고 느끼지만, 그렇다고 해서 경제적 자원이 요구되는 대안적인 교육을 시킬 수도 없는 형편이다. 이런 상황에서 아이의 빠른 한국화가 항상 긍정적으로 평가되는 것은 아니다.

친척이나 친지 등 사회적 연결망이 없는 이주자의 경우, 아이에게 부모의 문화를 전수하는 것이 매우 중요한 정체성의 확인이 된다. 그러나 수적으로 열세인 이주자의 경우, 자국 언어의 전수는 고사하고 문화, 종교, 가치관 등에 대해 이야기를 들려주는 것조차 힘들다. 부모와 자녀, 즉 가족 구성원 간 귀속의식의 상이함, 다수자 세계의 차별 강도 및 새로운 문화에 대한 적응의 차이는 하나의 가족 내부에 여러 개의 이질적인 정체성을 구성해냄으로써 가족 간의 긴장과 심지어 가족 해체를 야기하기도 한다.*

특히 난민 가족은 공포와 박해의 경험이라는 상흔을 가진 가구 구성원으로 이루어져 부모의 가족 유지 능력이 약화된 상태이며, 외부의 지원 없이는 가족 안정성을 유지하기 힘들다. 대부분의 난민 가족은 본국에서 떠나와 비호국에서 핵가족 형태로 존재하고, 이에 따라 위기가 닥

---

* 정영혜, 후지이 다케시 옮김, 『다미가요 제창: 정체성, 국민국가 일본, 젠더』, 삼인, 2011, 109쪽.

쳤을 때 경제적 지원과 심리적 안정을 제공할 수 있는 확대 가족 구성원이 부재하다.* 이로 인해 부모와 아이 사이에 갈등이 일어날 경우, 이를 해결할 다양한 방법을 갖고 있지 못하다.

버마의 소수민족 출신 후미르는 한국에서 난민 인정을 받은 아버지와 재결합하기 위해 2005년 한국에 왔다. 현재 중학교 3학년인 후미르는 학교에서 인기가 많다. 한국에 온 후 처음 몇 달간은 집에만 있었는데, 학교에 다닌 지 3개월 만에 또래들과 놀면서 한국어를 다 배울 수 있었다. 키도 크고 덩치도 커서 기죽거나 왕따당하지 않았고, 농구와 축구를 잘해 아이들과 잘 어울렸다. 중학교 1학년 때부터 만난 여자친구도 있는데 대학을 졸업하면 결혼하고 싶다고 한다. 후미르보다 2년 늦게 한국에 온 형은 한국말을 잘 못하고, 학교에 다니지도 일하지도 않는다. 이슬람 성원聖院에 가서 기도하는 것이 형의 유일한 외출이다.

후미르의 아버지 사키르 씨는 후미르가 농구를 잘하지만, 농구로 성공할 만큼 지원해주는 데는 한계가 있기 때문에 자신의 힘으로 일어설 수 있는 공부가 제일이라고 생각한다. 사키르 씨는 이주자가 된 후 처음으로 육체노동을 시작했는데, 이것이 얼마나 고된 일이라는 것을 잘 알기에 결코 자식들에게 대물림하고 싶지 않다. 그래서 후미르가 취미에 그쳐야 할 농구를 열심히 하는 것도 못마땅하고, 친구들과 어울려 피시방에 다니는 것도 큰 걱정이다. 후미르가 머리가 매우 좋고 중학교 1학년 때까지 계속 공부를 잘했지만 최근에는 친구들이랑 어울려 노느

---

* Laila Tingvold·Anne-Lise Middelthon·James Allen·Edvard Hauff, "Parents and children only? Acculturation and the influence of extended family members among Vietnamese refugees", *International Journal of Intercultural Relations*, 36(2), 2012.

라 성적이 안 좋아졌다고 생각한다. 자식들이 착하다고 믿고 있지만 혹시나 나쁜 아이들과 어울려서 범죄를 저지를까봐 걱정이 많다. 사키르 씨는 "외국인 신분으로 범죄를 저지르는 것은 장래를 완전히 가로막는 행위"라고 말한다. 후미르는 아버지의 잔소리에 짜증을 내고 가출한 적도 있다.

버마의 억압받는 소수민족으로 한국에 와 난민 인정을 받을 때까지 사키르 씨는 첫째부인과 헤어졌고, 이로 인해 크게 괴로워하기도 했다. 아이들을 한 명씩 '안전한 한국'으로 데려오면서 이들이 교육을 잘 받고 좋은 무슬림이 되기만을 바랐다. 사키르 씨는 종교적 정체성을 자식에게 전수하는 것, 자식들이 이주지에서 잘 적응하고 성장하도록 경제적 지원을 다하는 것이 아버지의 역할이라고 생각하지만, 이 두 가지를 동시에 이루어내기가 힘들다는 것을 깨닫고 있다. "한국에서는 대학 졸업장이 시민권의 수준을 결정한다"라고 말하는 사키르 씨는 공부를 통한 성공에 대한 신념이 매우 강하다. 그는 후미르가 사무직으로 성공해서 앞으로 가족 전체를 부양할 수 있어야 한다고 기대한다. 그는 "한국의 핵가족 속에서 자라난 아이는 부모가 너무 오냐오냐 키워서 문제"라고 말하며 부모를 모시며 평생을 사는 가족주의적 삶이 최고라고 생각하고, 후미르도 그럴 것이라고 믿고 있다.

반면 후미르는 "내 삶과 아버지의 원칙은 별개"라고 말하면서 대학 졸업 후 스물다섯이 되면 지금의 여자친구와 결혼해 둘이 살 거란다. 유감스럽게도 후미르가 상상하는 가족에는 현재의 가족이 들어 있지 않았다. 이 집에서 후미르는 종족 언어에 관심이 없을뿐더러 잘 모르는 유일한 사람이다. 후미르가 현재까지 아버지와 협상한 원칙은 돼지고

기를 먹지 않는다는 것 딱 하나다. 후미르와 사키르 씨는 서로 간에 '갈라지는 희망과 기대'로 인해 매우 긴장된 부자관계를 유지하고 있었다. 한국에서 태어나 성장한 이주 아동/청소년은 한국 사회의 자민족·자문화 중심주의에 의거한 외국인 또는 외국 문화에 대한 무지나 위계화를 그대로 받아들이곤 한다. 이로 인해 자신의 모국에 대해 알고자 하는 욕구가 별로 없고, 심지어 때로는 부정적인 인식을 갖는 경우도 많다.

부모는 아이가 인종적 상이함 또는 외국인이라는 이유로 차별을 받거나 좌절할 수 있다는 점에 매우 민감하게 반응한다. 그래서 아이가 제도권 교육에서 높은 성취도를 보여줄 것을 기대한다. 난민이나 미등록 이주노동자라는 상황 때문에 추락한 자신의 지위에 대한 보상심리로, 한편 한국에서 외국인으로 차별받지 않을 수 있는 유일한 길은 전문직 종사자가 되는 것이라고 믿기 때문에 공부 외의 아이의 희망과 취향을 인정하지 않는다. 아이 둘을 혼자 키우고 있는 레바논 출신 하킴 씨는 아이들의 미래에 대해 매우 단호한 태도를 보인다.

내 딸은 음악에 재능이 있습니다. 그러나 딸이 경제학이나 재정을 공부해서 회사에 취직하기를 희망합니다. 음악을 좋아한다고 해서 음악인이 되는 것은 아니니까요. 딸에게 확실한 직업을 보장해주는 일을 하기 위해서는 공부가 우선이고, 음악은 공부에 방해가 될 수 있다고 말해요. 아들은 축구를 아주 좋아합니다. 하지만 난 아들이 의사가 되기를 바랍니다. 취미로 해야 하는 것이지, 이것 때문에 학교 공부를 안 하는 것은 있을 수 없는 일입니다.

문화 전수자로서의 좌절과 불안, 소수자로서 경험한 다양한 차별과 무권력적 상황은 부모를 완고하고 보수적이며 권위적으로 변화시키고 있었다. 반면에 아이는 자신의 직업과 공부에 대한 희망을 표현하는 부모가 그 희망을 현실화할 수 있는 경제적 자원과 정보, 권력, 능동성을 갖추지 못한 존재임을 알게 된다. 아이와 부모는 '갈라지는 희망과 기대'를 고통스럽게 경험하고 있었다.

한국 사람으로서 꿈꾸기, 소수자로서 희망 조정하기

　　이주 아동/청소년은 학교에서나 지역사회에서 쉽게 주목받는 존재다. 주류 사회는 소수자가 당연히 열등하거나 어려움이 많을 것이라는 편견을 갖기 때문에 이런 기대에 조금이라도 어긋나면 이들을 칭송하거나 대단한 사람이라고 하며 호들갑을 떤다. 아이도 학교 생활에 잘 적응하고 대인관계가 원만하면 곧 '성공' 사례로 주목받는다. 아이는 '노력만 하면', '성격만 좋으면', '착하면', 사회적 장애를 물리치고 곧 큰 인물이 될 것이라고 격려, 고무받는다. 그러면 아이 또한 이주자 부모가 경험한 차별과 빈곤, 격리와 배제와는 구별되는 괜찮은 사회적 지위를 곧 확보할 것처럼 느끼게 된다. 그러나 아이는 성장하면서 고통스럽게 철이 든다. 이들은 자신이 비국민이며 절대적 빈곤 계층이라는 점을 깨달으면서, 계층 이동의 유리천장을 마주한다. 그래서 이들은 '희망의 조정'이라는 생존방식을 택한다. 이주자 부모는 고된 육체노동의 결과가 곧 경제자본이 되고, 이것이 아이의 문화자본으로 쉽게 변형될 것이라고 믿지만, 현실에서 자녀가 대학교육을 받아 전문직 종사자가 되는 길은 요원하다. 실제로 부모의 경제적 투자가 교육 수준을 결정하는 한국 사회에서, 충분한 경제적 자원 없이 대학에 입학하여 좋은 직장을 갖는 것은 쉽지 않다. '소수자'로서 공부를 좀 잘하면 학교와 사회에서 주목을 받고 유명세를 타기도 하지만, 그렇다고 해서 계층 이동의 사다리에 손쉽게 올라타는 것은 아니다. 이를 깨달은 부모도 자신의 희망을 조정하는 방법을 고통스럽게 배워간다.

한국에 온 지 10년이 넘은 버마 소수민족 출신 니사는 합법적인 체류 자격을 얻은 난민으로서 훌륭한 이야기꾼이기도 했다. 현재 스물한 살로 고등학교 3학년에 재학 중이다. 니사는 2003년 한국에 온 이후 일찍 철이 들었다. 니사의 가족을 지원해왔던 목사가 사망한 이후 의지할 데가 없어지면서 니사의 가족은 지속적인 빈곤을 경험했다. 그녀는 가족 구성원 중 한국어를 가장 잘할 뿐 아니라, 교회에서 통역과 번역을 도맡아 할 정도로 다양한 언어를 구사한다. 니사에게 '철이 든다'는 의미는 가족 내에서, 그리고 한국 사회 내에서 자신의 지위를 알아가는 것이었다. 이 과정에서 그녀는 지속적으로 자신의 희망을 조정해야 했다.

중학교 2학년부터 고등학교 2학년까지 줄곧 반장을 했습니다. 아이들에게 인기가 많고, 친구도 많았어요. 반장으로 추천되었을 때, 선생님께 부모님이 외국인이고 선생님과 말이 통하지 않아도 괜찮냐고 물었고, 담임선생님은 그래도 괜찮고 내가 반장을 하는 데 찬성한다고 하셨습니다. 다른 아이들보다 나이도 많고 생각도 깊었고 청소 같은 것도 잘했기 때문에 선생님도 나를 추천하셨습니다. 숙제나 준비물을 포함하여 아이들

이주 아동/청소년은 한국 사람으로서 미래에 대한 꿈을 꾸지만 소수자라는 지위로 인해 희망을 조정해야 한다.

을 챙기고 교실 문단속을 하는 반장 역할을 잘 해냈고 선생님들과도 친하게 지냈습니다. 그러나 엄마, 아버지가 일을 나가시기 때문에 집안일을 해야 한다는 생각이 있었고, 경제적으로 사정이 안 좋았기 때문에, 시간과 돈을 낭비하기 싫어서 방과 후에 아이들과 놀러 다니거나 군것질을 하지 않았습니다. 중학교를 졸업할 때는 집안 사정이 더 어려웠기 때문에 고등학교 졸업 후 대학 진학보다는 취업을 하는 것이 좋겠다고 생각하여 상업고등학교에 진학했어요. 인문계 고등학교에 입학하면 밤 10시까지 자율학습에 참여해야 하고, 그러면 집안일을 돕기 어렵다는 판단도 있었지요. 지금은 간호학과를 목표로 대학 진학에 도전할 생각입니다. 외국인 특별전형이 간호학과에도 적용되는 학교들을 찾았습니다. 간호사는 어릴 때부터의 꿈인데, 버마에 있는 큰이모가 병원 수간호사여서 평소에 멋있다고 생각했고, 봉사하면서 돈을 벌 수 있는 직업이기도 하기 때문입니다. 하지만 대학 등록금을 꾸준히 낼 수 없는 집안 사정 때문에 대학 진학이 꺼려지기도 해요. 이미 남들보다 2년 늦은 나이에 고등학교 학업을 마치는데, 대학 다니다가 휴학해서 일하고 또 공부하면서 대학 졸업을 늦추고 싶지 않습니다. 부모님은 아무런 대책 없이 대학 진학을 권하셔서 최근에 갈등이 좀 있었어요. 아무리 기독교인이라고 하지만 기도를 한다고 등록금이 하늘에서 떨어지는 건 아니니까요.

니사는 대학에 진학해서 간호사가 되겠다는 꿈을 지속적으로 유보하며 현재 일을 하고 있다. 니사처럼 체류 자격이 있는 이주 청소년은 종족 공동체의 후원이나 선의를 지닌 한국인의 도움을 받아 장학금 지원을 받으면서 소수자의 성공 신화를 만들기도 한다. 그러나 미등록 상태의 청소년은 고등학교를 졸업한 이후 대학에 진학할 수도, 직장에 취업할 수도 없는 사회적 진공 상태에 놓이게 된다.

'보호 연령'을 넘긴 스무 살의 방글라데시 여성 자넷은 고등학교를 졸업할 즈음 매우 우울해했다. 14년 동안 한국에서 살았는데도 미등록 이주자라는 이유로 학교를 졸업해도 고등학교 졸업 자격을 인정받지 못한다는 사실, 수학능력시험을 볼 자격이 없기에 대학에 진학할 길이 전무하다는 사실을 절감했기 때문이다. 자넷 같은 청년 이주자는 이주자 커뮤니티나 게토를 벗어나 주류 사회에서 멋진 직장인이 될 수 있다는 소박한 희망조차 가질 수 없다. 그래서 이들은 희망을 조정하며 부모가 다니는 공장이나 이주자를 상대하는 에스닉 식당과 가게에서 일자리를 구하게 된다.

'아이의 눈으로' 다양한 관점을 인정하면서 상호 이해에 기반한 공정한 관계를 만들어가려는 노력이 부재한 한국 사회에서 이주 아동/청소년은 여전히 꿈을 꾸지만, 현실의 벽에 부딪혀 희망을 조정하고 있다. 이러한 상황은 어려움을 극복하며 자녀에게 새로운 기대를 걸었던 이주자 부모를 좌절시킨다. 사회적으로 배제되어 있는 이주자의 지위가 세대를 이어 재생산되고 있는 것이다. 한국에서 태어났거나 자라고 있는 이주자 2세대에 대한 한국 사회의 관심과 책임이 필요하다. 이주 아동/청소년은 '희망의 대한민국'에서 어떤 꿈을 꿀 수 있을까?

3부

국민국가 너머의 시민권을 향하여

다시, 다문화주의란 무엇인가

당신처럼

베트남 엄마를 두었지만
당신처럼 이 아이는 한국인입니다.
김치가 없으면 밥을 못 먹고
세종대왕을 존경하고
독도를 우리 땅이라 생각합니다.
축구를 보면서 대한민국을 외칩니다.
스무 살이 넘으면 군대에 갈 것이고
세금을 내고 투표를 할 것입니다.
당신처럼
우리 사회에 행복 하나 더하기
이 캠페인은 ○○그룹이 함께합니다.

한 금융그룹이 후원한 이 공익광고는 반 친구들 앞에서 독도에 태극기
가 꽂힌 그림을 들고 이야기하는 초등학생 남자아이의 모습을 보여준

베트남 엄마를 두었지만
당신처럼 이 아이는 한국인 입니다

베트남 어머니가 전수하는 모계 문화 또한 이 아이를 성장시키는 자산이 되어야
한다.

다. 이 광고는 이른바 다문화 가족 아동의 미래를 긍정적인 시선으로
바라볼 것을 요청한다. 그리고 국제결혼 가정의 아이들이 완벽하게 한
국인의 정체성을 수행하면서 한국 국민으로서 의무를 다할 것이라는
약속을 담아내고 있다. 한국인다움은 한국 축구팀에 열광하고, 병역의
의무를 완수하며, 충실하게 세금을 내는 것으로 구현된다. 그러나 다수
한국인의 선의를 담았다는 이 공익광고가 불편하게 느껴지는 것은 왜
일까? 사실 나는 이 광고가 소환하는 '당신처럼'의 모든 자질을 소유하
지 않았다. 한국인도 성장 배경, 계층, 젠더, 정의로운 세계에 대한 감
각 등에 따라 광고에서 상상된 한국인다움에 부합하지 않는 사람이 많
다. 단순히 혈연과 국적 때문에 '한국적인 것'에 고착된 문화적 맹목성
을 자랑스러워하지는 않는 것이다. 마찬가지로 이 아이도 베트남 엄마
의 영향력, 다문화 가족 아동으로 주체화되는 과정에서 경험하는 희망
과 불안, 교육과 미디어의 영향에 반응하거나 교섭하면서 구속과 범주

가 포괄하지 못하는 새로운 정체성을 만들어갈 것이다.

한국 사회는 오랫동안 단일문화주의를 신봉한 사회였다. 영토적 귀속성, 순혈주의, 단일언어주의라는 세 가지 원칙하에 구성되는 한국인에 대한 이상적 정의는 통합된 국민 정체성의 기반을 마련해주었고, 이 정체성은 궁극적으로 한국인의 단결력, 빠른 경제 성장과 사회 변화에 기여한 것으로 평가되어왔다. 한국 사회 내부의 '차이 없음'은 사회적 갈등이 없다는 것을 의미했으며, 이 때문에 정치 지도자들은 의도적으로 단일민족주의 신화를 강조해왔다.[*] 이런 상황에서 글로벌 경제대국으로의 도약과 한류의 확산은 '세계의 중심'이 되었다는 새로운 환상과 국가적 자부심을 가져다주었다.

2006년 4월 한국 정부는 '다인종, 다문화 사회로의 전환'을 선언했다. 이후 정부, 기업, 미디어, 시민사회, 학계 등 한국 사회의 전 영역에서 다문화주의, 다문화 사회, 다문화 가족, 다문화 아동은 가장 인기 있는 주제어가 되었다. 과연 '다문화' 붐이라고 할 만큼, 다문화라는 말은 단일문화라는 강력한 이데올로기를 대체하면서 새로운 통치논리로 등장했다.

일견 '다문화 담론'은 자문화 중심의 편협성에서 벗어나 이질적인 타자와의 교류를 권장하는 것처럼 보인다. 이 때문에 다문화 담론은 단일민족국가에서 '글로벌 다문화 국가'로의 확장된 정체성을 옹호한다. 그런데 여기서 '글로벌 타자'로 상상되는 이들은 누구일까? 한국의 원조를 필요로 하는 저기 먼 곳의 아이들, 아니면 여전히 영어나 자본으로

---

[*] 김현미, 「누가 100퍼센트 한국인인가」, 이주여성인권포럼, 『우리 모두 조금 낯선 사람들: 공존을 위한 다문화』, 오월의 봄, 2013, 20쪽.

상징되는 백인의 모습일 수 있다. 최근 등장한 다문화 담론은 한국인 선주민과 이주민의 관계를 어떻게 구성해가고 있는가? 한국 사회는 타 문화의 존중과 소수자 인권을 옹호하는 다문화주의 철학을 어떻게 실현하고 있는가? 혈연, 영토, 언어라는 삼중의 동질성을 바탕으로 구축된 한국인다움은 이주자와의 교류로 어떻게 변화되고 있는가? 이 장에서는 이런 질문들을 함께 고민해보고자 한다.

열린 텍스트로서의 다문화주의

다문화주의는 "문화다원주의를 표방하는 정치적·이데올로기적 입장을 말할 뿐 아니라, 정부가 시행하는 정책, 국민 통합의 이데올로기, 혹은 운동의 목표를 지칭한다".[*] 다문화주의가 평등에 기초한 사회 통합의 정치적 비전을 표방한다면, 각국에서 채택한 다문화주의 정책은 국가별로 고유한 역사적 경험과 가치를 반영한다. 따라서 다문화주의 정책은 특정 역사적 맥락에서 특수한 목적과 이해관계를 지니고 태동한다. 한국에서 유행하는 다문화 담론의 성격을 이해하기 위해서는 이 담론이 어떤 사회적 맥락에서 만들어졌으며, 이를 통해 이주자가 가져오는 새로운 가능성과 불안을 어떻게 관리하는지 살펴보아야 한다.

최근 다문화주의에 대한 관심이 급증하면서 다문화주의를 정책적으로 채택한 경험이 있는 유럽, 미국, 캐나다, 호주 등의 사례가 많이 연

---

[*] 문경희, 「국제결혼 이주 여성을 계기로 살펴보는 다문화주의와 한국의 다문화 현상」, 『21세기정치학회보』, 16(3), 2006, 68쪽.

구되고 있다. 하지만 한국 사회는 근본적으로 이러한 나라들과는 역사적 배경이 매우 다르다. 이 나라들의 다문화주의에 관한 논의는 식민지 시대부터 강제 동원된 피식민 주체들의 정착 과정과 탈식민지적 인식의 확산, 그리고 그 이후 1960년대부터 외국인 가족 이주를 받아들여 노동력의 부족을 메운 오랜 역사와 관련이 있다. 이주자는 보통 종족 집결지ethnic enclave에 모여 살았고, 종족 마을은 주류 사회에 편입되지 못하는 소수민족의 생존 공동체 역할을 해왔다. 이주 역사가 오래되면, 이주자 집중 거주지는 종족 문화를 보존하고 향유하면서 주류 사회에 대해 사회적 대표성을 지니고 '소수자 권리'를 주장하는 입지를 갖게 된다. 서구에서 다문화주의 정책은 정착형 이주자의 권리에 대한 요구와 다양한 인종과 종족을 관리할 국가 통치체제의 필요성에 의해 태동했다. 한편 이주자의 증가와 인권의식의 확장으로 자유주의 국가가 표방했던 평등의 이상은 백인 주류의 환상일 뿐이라는 정치적 자각이 나타났다. 1960년대에 활발하게 진행된 민권운동의 결과로 국가는 인종, 성, 계급 등에 의한 차별을 없애기 위해 정책적으로 개입해야 했으며, 국가가 이주자를 공정하게 통합해야 한다는 요구가 일어났다. 다문화주의 정책은 이주자의 사회 통합이 "단번에 일어나는 과정이 아니라 어렵고 긴 시간이 걸리는 과정으로서 세대에 걸쳐 작동한다는 것을 인정하고", 사회 통합을 위해 이주자에게 이중 언어 등의 서비스를 제공하고, 주류의 규칙과 상징들이 이주자에게 불이익을 주고 있지 않은지 점검하는 것이다.•

• 윌 킴리카, 장동진 외 옮김, 『현대 정치철학의 이해』, 동명사, 2008, 490쪽.

여기에서 간과할 수 없는 사실은 한국은 아직 이주 수용 국가가 아니라는 점이다. 실제로 지난 30년간 많은 이주자가 한국에 체류했으나, 한국 정부는 생산 영역 및 가족 만들기와 돌봄을 위한 재생산 영역의 노동력 관리라는 틀 안에서 이주자를 불러들였다. 이주노동자를 대상으로 한 다문화적 포용 정책을 제안한 적도 없고, 일터에서 다문화적 환경을 만들어내기 위해 예산을 배정한 적도 없다. 국적과 문화가 다른 조선족 이주노동자가 급증했는데도 이들이 같은 민족이며 한국어를 이해한다는 이유로 이들을 위한 문화적 통합에 힘을 쏟지 않았다. 그나마 다문화 논의가 활성화된 계기는 최초의 정착형 이주자인 결혼이주자 여성의 증가 때문이었다. 이들은 한국인의 아이를 낳고 한국 가족으로 편입된다는 이유로 한국 국민으로 수용되는 것이 허용되었다. 특히 베트남과 캄보디아 등 동남아시아 여성과 한국인 남성의 국제결혼이 증가하는 2000년대 이후 가족 내 문화적 혼종화를 우려하고 이들의 빈곤 문제에 관심을 갖게 되면서, 한국 정부는 국제결혼 가족을 '다문화 가족'으로 명명했다. 2007년에는 '재한외국인처우기본법'을, 2008년에는 '다문화가족지원법'을 제정했는데, 이 법에 의해 다문화가족지원센터가 생겨났으며, 2017년 현재 217개로 늘어났고, 그중 일부는 통합가족지원센터로 운영되고 있다.

한국의 다문화 담론은 다문화 가족을 지원하는 정책과 구별되지 않은 채 혼용되어 사용되고 있다. 하지만 다문화 담론의 태동은 이주자 운동과 매우 밀접한 관련을 맺고 있다. 원래 한국 사회에서 '다문화주의'란 말이 등장하게 된 배경은 시민사회와 이주노동자를 지원하는 엔지오NGO 등을 통해서였다. 이주노동자는 적극적으로 인권과 노동권을 요구했지만, 한국 사회의 인종 차별로 인해 이 운동은 사회 전반에 영향력을 끼치지 못했다. 무엇보다도 운동을 주도해야 할 주요 행위자인 이주자의 체류권 등 법적 지위의 한계 때문에 광범위한 문화적 투쟁을 만들어낼 수 없었다. 이주자 지원 단체와 시민사회에서 처음 사용하기 시작한 다문화주의 또는 문화 다양성은 그것이 일반적으로 내포하는 문화적 차이에 대한 상호 인정과 승인의 의미보다는, 한국인의 외국인 차별과 폭력, 혐오에 대한 대항적 개념이었다.[•] 단일민족에 기반을 둔 국민국가주의가 만들어내는 인종, 성, 계급 차별 등에 의한 다양한 폭력이 이주노동자, 혼혈인, 결혼이주자의 인권을 심각하게 침해하고 있었기 때문이다. 이때 다문화주의 또는 다문화 담론은 한국 선주민의 반성과 성찰을 요청하는 것이었다. 그러나 다문화 담론이 국가에 의해 차용되면서 철학적 실체 없이 광범위하게 유통되고, 급기야 정착형 이주자인 결혼이주자와 다문화 가족에 대한 담론으로 귀결되거나 협소화되기 시작했다.

월 킴리카가 지적한 대로 다문화주의는 일종의 열린 텍스트다. 다문화주의를 현실화하는 국가의 정책과 목표는 매우 다양하고, 때로는 그것들이 다문화주의의 이상과 멀어지는 결과를 낳기도 한다.[••] 한국의 경우 이주자 운동 진영의 문제제기로 등장한 다문화 담론이 정부에 의해 차용됨으로써 일차적으로 결혼이주자와 그 가족을 '복지 대상화'하여 '관리'하는 통치담론이 되었다. 그럼에도 다문화 담론은 여전히 논쟁적인 영역이며, 국가, 시민사회, 이주자가 참여하여 그 의미에 대한 확장적 해석을 구성해낼 수 있는 가능성을 지니고 있다.

● 김현미, 「이주자와 다문화주의」, 『현대사회와 문화』 26, 2008, 64쪽.
●● Will Kymlicka, *Multicultural Citizenship*, Oxford: Clarendon Press, 2005.

결혼국가, 한국 다문화 담론의 동화 이데올로기

1990년대 중반 이후 한국에서 '가족 재생산의 위기'와 '저출산' 문제는 중요한 사회적 의제가 되었다. 한국의 가족 정책은 지속적인 저출산의 원인을 규명하고, 이로 인한 사회경제적 영향을 분석하고 대응 방안을 마련하는 데 초점을 맞춰왔다.* 그러나 여성의 경제적 기여에 대한 기대가 높아지는 상황에서, 중산층을 대상으로 하는 정부의 '소박한' 출산장려책은 실패할 수밖에 없었다. 중산층은 이미 자기 집을 갖는 일과 아이를 낳고 교육시키는 일을 동시적으로 진행하는 데 따른 경제적 기회비용과 손실을 누구보다 잘 파악하고 있었다. 결혼이주자에 대한 관심은 한국 정부의 인구 정책이 '민족가구'만으로는 인구 위기를 해결할 수 없다는 사실을 인지하면서 증폭되었다. 1990년대부터 서서히 증가한 한국인과 조선족 동포간 국제결혼에 대해 중앙정부는 일관적으로 무관심한 태도를 보였고, 결혼이주 여성에 대한 정책은 부재했다. 이주 여성에 대해 정부가 본격적으로 개입을 시작한 이유는 이들에게서 저출산, 고령화 사회의 현재적 위기를 해결할 수 있는 가능성을 포착했기 때문이다. 실제로 결혼이주자에 대한 통합 지원 방안이 저출산고령화사회위원회에서 그 기본틀이 성립되었다는 점에서 한국의 이주자 정책은 인구 대책으로서의 성격이 강하다.**

민족국가 유지와 재현의 중요한 장소로 간주되어온 가족이 초국적이며 문화적으로 혼종적인 공간으로 변해가면서, 단일민족으로의 문화

---

* 황정미, 「저출산과 한국 모성의 젠더정치」, 『한국여성학』 21(3), 2005, 105쪽.
** 김희정, 「한국의 관 주도형 다문화주의」, 오경석 외, 『한국에서의 다문화주의』, 한울, 2007, 67쪽.

적 재생산 기능은 더 이상 기대할 수 없게 된다. 가족 내 문화적 혼종성은 바람직하거나 필연적인 것이라기보다는 잠재적 불안과 위협으로 간주되었다. 문화적 혼종성에 대한 불안과 두려움은 한국의 다문화 가족 정책의 기본 기조를 빠른 시간 내에 이주 여성을 한국 문화로 동화시키는 데 집중하게 만들었다. 이로 인해 다문화 가족 지원 정책은 결혼이주자에게 한국어, 한국 예절, 출산·양육과 관련한 교육 및 상담, 다문화 가족 아동에 대한 양육비 지원 등을 주요 내용으로 진행되었다. 그리고 결혼이주자의 89퍼센트 정도가 여성이며, 주로 아시아의 경제개발국 출신이라는 점 때문에 이들의 정착을 지원하는 다문화 가족 정책에 젠더 이데올로기가 강하게 반영되었다.

이주 여성은 문화적 소수자이기 때문에 주류 문화의 강력한 열망과 통제의 대상이 되기 쉽다. 한국 사회의 미디어도 '이상적인 결혼이주자 여성' 주체를 만들어내기 시작했는데, 결혼이주 여성과 그들 가족의 다양한 현실을 그려내기보다는 한국 사회가 '보고 싶어하는' 이주 여성을 재현했다. 대중매체에 등장하는 결혼이주 여성은 이미 사라져버린 '한국적'인 것을 '공연'하는 경우가 많다. 한국인도 하기 힘든 간병이나 노인 돌보기를 늘 해맑은 웃음과 헌신으로 해내는 인물로 그려지곤 하는 것이다. 때로는 본인의 사회경제적 지위도 매우 불안한데 살림이 넉넉지 않은 고향의 부모를 걱정하며 눈물짓는 모습을 보여준다. 이런 모습은 결혼이주 여성의 긍정적 이미지를 부각한 것으로 보이지만, 사실 이들의 실제 삶을 보여준 것이라기보다 한국 사회가 보고 싶어하는 결혼이주 여성의 이미지를 만들어낸 것뿐이다. 결혼이주 여성의 빠른 한국화에 대한 열망과, 한국에서 열심히 노력하면 어려움과 가난을 극복할 것이라는 낙관적 전망을 내보내는 것이다. 결혼이주 여성이 이주 과정에서 경험하는 브로커에 의한 착취, 남편과 가족의 폭력, 체류권 불안, 이혼과 귀환 등의 구조적인 문제는 다루어지지 않는다.

어느 이주 여성은 〈러브 인 아시아〉 등의 텔레비전 프로그램이 "우리의 삶을 너무 한쪽으로 몰고 간다"며 분노한다. 한편 한국인의 욕망과 권력을 내재화한 시부모와 남편은 이런 프로그램에 등장한 여성들은 착하고 희생적인 데 비해 자신의 며느리와 아내는 자기주장이 강하고 이기적이라며 비난한다. 대중매체는 결혼이주 여성이 한국어를 익히고 한국 문화를 실천하는 과정은 강조하지만, 결혼이주 여성 주변의 한국인이 이들의 '불편한' 상황을 알아가거나 이들로 인해 변화되는 모습은 보여주지 않는다. 이는 결혼이주 여성 스스로 자신의 복잡한 경험이나 생각을 표현할 수 있는 통로가 없음을 의미한다. 한국 다문화 담론의 동화 이데올로기는 이주자의 본래적 문화 정체성은 '없어져야 할 것' 혹은 한국에 적응하기 위해 '포기해야 할 것'으로 간주했다. 여성이 운반해온 언어나 문화는 정착을 위해 포기해야 할 것으로 간주되면서, 자존감이 아닌 '유보'와 '불안'의 근원으로 존재한다. 그러나 실제로 이주자가 이주한 지역에서 가장 긍정적인 자아 이미지를 갖는 경우는 자신의 문화적 정체성을 유지한 채 새로운 문화를 체득해간다는 자기확장적 인식을 가질 때다.* 이렇듯 민족적·문화적 정체성은 자신의 존재 가치를 스스로에게 확인시키는 데 없어서는 안 될 가치다. 다문화주의

● Henri Tajfel, *Human Groups and Social Categories*, Cambridge University Press, 1981; 노충래·홍진주, 「이주노동자 자녀의 한국 사회 적응실태 연구: 서울 경기지역 몽골 출신 이주노동자 자녀를 중심으로」, 『한국아동복지학』 22, 2006, 135쪽에서 재인용.

결혼이주 여성이 한국 사회에 적응을 잘 한다고 느끼는 경우는 자신의 문화적 정체성을 유지한 채 새로운 문화를 체득해간다는 자기확장적 인식을 가질 때다. 인천 아이다 마을 이주 여성의 공연 모습.

사회로의 통합 모델에서 가장 중요한 것은 언어를 포함한 문화가 일종의 '권리'라는 점이다. 다른 문화적 정체성을 지닌 사람들이 차별 속에서 그 정체성에 대한 사회적 승인을 얻지 못하면 이른바 국적을 획득했다 하더라도 시민권의 제반 권리, 즉 정치권, 노동권, 사회권 등을 행사할 수 없다.

실제로 주요 결혼 상대국인 중국, 베트남, 필리핀, 캄보디아, 몽골 등의 여성은 양성 평등의식이 강하고 노동 참여율도 높은 편인데, 한국 사회는 결혼이주 여성이 순종적이고 전통적인 여성일 것이라고 착각하는 경우가 많다. 결혼이주 여성의 배경이나 학력도 매우 다양하고, 또한 그들은 전문직이든 단순노무직이든 사회 참여를 위해 일자리는 필수라는 인식을 갖고 있다. 그러나 한국 사회는 결혼이주 여성의 다양한 능력이나 사회적 역할을 기대하기보다는 이들이 한국에 와서 가족 내에 무사히 안착하여 전형적인 주부의 역할을 수행하는 것에만 초점을 맞춘다. 결혼이주자라고 해서 가족만이 이들의 존재이유가 되는 것은 아니다.

한국의 인구와 가족의 위기를 해결할 대상으로 상상된 결혼이주 여성은 출산과 가족 유지 등의 재생산 노동을 담당하도록 기대되기 때문에, 결혼이주 여성을 대상으로 한 법과 정책에 담긴 사회적 상상력은 남성 생계부양자 모델에 기반을 둔 전통적 가족 개념과 여성관이라는 한계를 지닐 수밖에 없다. 사실상 다문화 가족 정책은 결혼이주 여성이 한국 가족에 운반해오는 문화적 혼종성에 대한 불안과 문화적 차이를 통합해 한국의 전통적 가부장제 가족 안으로 편입시킬 수 있다는 자부심에 기반한 정책이다. 따라서 한국 정부의 결혼이주 여성에 대한 정책과 사회 통합 모델의 특징은 '부권가족적 복지 모델'patriarchal family-oriented welfare model로 정의할 수 있다. 이 모델에 담긴 성별 이데올로기는 남성을 생계부양자로 설정하고, 결혼이주 여성을 재생산 노동의 대체 인력으로 상상한다. 이 모델은 결혼이주 여성이 실제 행하는 다중적 역할이나 실천에는 무관심하고, 그저 이들을 가족의 구성·유지·재생산이라는 틀에 종속시킨 채 이를 위해 필요한 사회적 서비스를 공급하는 것이다. 이는 결혼이주 여성에 대한 사회적 서비스처럼 보이지만, 실제로는 결혼이주 여성이 귀속된 '한국 가족'의 유지를 위한 사업으로서의 성격을 더 강하게 내포한다.

결혼이주 여성에 대한 정책은 이처럼 부계 혈통주의에 기반을 둔 성별화된 국민 개념에 의해 추진되고 있다. 결국 이는 자민족 중심주의적 통치 모델의 틀에서 크게 벗어나지 못한 것이다. 이주자의 한국 사회로의 빠른 동화라는 목적에 얽매이다 보니 다문화 가족이라는 범주 내의 차이, 계층, 문화적 자존감을 고려하기보다는 다문화 가족 전체를 취약 계층과 동일시하면서 영구적인 주변부 계급으로 고착화시키는 문화적 폭력이 이루어졌다. 다문화 가족, 특히 이주자 구성원은 정부의 복지공약 남발의 대상으로, 그리고 기업의 사회적 책임의 손쉬운 대상으로 선택되었고, 궁극적으로 선주민과의 사회적·심리적·문화적 교류의 장을 갖지 못한 채 최근에는 외국인 혐오의 대상으로 상징화되는 상황을 낳기에 이르렀다.

아래로부터의 다문화주의[*]

스티븐 캐슬과 앨러스테어 데이비드슨은 아시아-태평양 지역 국가의 문화가 유럽과 비교해 다른 특징 중 하나로, 국가 대신 가족이 사회복지의 영역을 책임져왔다는 점을 지적한다.[**] 한국 사회도 아시아-태평양 지역 국가의 전형적인 모델을 답습했다. 단일민족이라는 믿음에 기반한 국가는 혈연 가족의 확장을 장려했고, 이러한 관점은 시민권을 특정한 영토에 대한 귀속의 개념으로 이해하는 데 영향을 미쳤다. 이 경우 다른 영토에 귀속되었다가 이주한 사람에 대한 배타성이 강하게 존

- [*] 이 부분의 내용은 김현미, 「이주자와 다문화주의」, 『현대사회와 문화』 26, 2008, 73~74쪽을 바탕으로 하고 있다.
- [**] Stephen Castles·Alastair Davidson, *Citizenship and Migration: Globalization and the Politics of Belonging*, London and New York: Routledge, 2000, p.196.

재하거나, 같은 영토에 사는 사람은 문화적으로 동질적이어야 한다는 생각이 지배적이다. 해외 이주는 사회·정치·경제·문화적 배출 요인이 많은 사회에서 활발하게 진행된다. 한국인 역시 자신의 이해를 위해 다른 나라로 대규모 이민을 떠났고, '탈영토화된 전략'을 통해 가족과 자신의 사회경제적 상승 이동을 위한 지위 경쟁에 적극 참여했다. 최근 한국 사회는 다른 나라로 이주한 후 임시 체류자로 시작해서 주류에 편입된 한국인의 성공 사례를 '자랑스러운 글로벌 한국인'으로 재현하며 재외교포를 한민족으로 '재영토화'하는 전략을 취하고 있다.

똑같은 논리로 한국에 온 이주자를 바라보는 시각을 가져보자. 기존의 다문화 정책은 '법적 지위'가 확실한, 통합의 필요성이 있는 결혼이주자만을 정책 대상으로 설정해왔다. 즉 다른 이주자에 대해서는 필요한 노동력은 얻되, 이들을 사회 구성원으로 통합하는 데는 비용을 들이지 않는 정책을 추구해왔다. 하지만 한건수가 지적하듯이 "주류 한국인이 기획하고 이주민은 선별적으로 호명하되, 정해진 역할과 입지로 배치되는 사회"는 다문화 사회로의 동력을 선사하기보다는 갈등과 분열로 파편화될 것이다.[•] 한국 사회가 직시해야 하는 것은 법적 지위의 여부와는 상관없이 다양한 이주자가 한국에서 초국적 전략을 실천하면서 사회 변화를 일으키고 있다는 점이다.

'아래로부터의 초국가주의'transnationalism from below라는 개념을 사용한 마이클 스미스와 루이스 구아니조는 불법 이주자를 포함한 비엘리트의 초국가적 이동이 만들어내는 사회 변화에 주목할 필요가 있음을

• 한건수, 「한국의 다문화 사회 이행과 이주노동자」, 『철학과 현실』 91, 2011, 29쪽.

강조한다.* '위로부터의 초국가주의' transnationalism from above는 세계 금융 경제에 의해 추동되는 동질적인 표준화를 구조적으로 강제하지만, 이와 반대의 영역에서 진행되는 초국가주의는 좀 더 구체적이고 능동적으로 사회를 변화시키고 있다. 아래로부터의 초국가주의는 이주자가 송금, 편지, 전화, 친인척 초청, 위성방송 시청, 공동체 참여 등을 통해 여전히 본국과 깊이 연결되어 있으면서도 정착국에서 자신들의 정체성을 재정의하면서 이에 따른 변화된 권력을 행사하는 것을 의미한다. 이 개념을 확장해보면, '아래로부터의 다문화주의'는 이주자가 본국과 이주지의 문화를 동시적으로 참조하면서 이주자 문화 경관을 창조해간다는 것이다. 국적, 종교, 젠더, 생활양식 등이 각각 다른 이주자들이 생활세계에서 무슨 일을 하고 어떤 생각을 하는지, 한국인과 교류하여 영향을 주고받는 것이 무엇인지 등에 대해 알아야만, 이주자와 공존하고 타협하는 방식을 만들어갈 수 있다. 이런 이해의 과정에 도달하기 위해서는 이주자 스스로 삶을 표현하고 대표할 수 있는 존재로서 '문화권'을 획득할 수 있어야 하며, 한국인은 자기 문화의 편협성을 인지하면서 이주자에 대한 섣부른 가치 판단을 유보할 줄 알아야 한다. 결국 한국 내 이주자를 사회적으로 통합하는 것은 한국 문화에 대한 근접성이라는 척도를 기준으로 정책을 마련할 것이 아니라, 이들이 만들어내는 다양한 연결망이나 사회적 관계에 의미를 부여하고, 이를 주류 문화의 하나로 인정하고 통합해내는 것에 중점을 두어야 한다는 말이다. 일상의 변화는 생활세계의 미세한 변화의 축적에 의해 이루어지는 것이지, 중앙

---

* Michael P. Smith·Luis E. Guarnizo, *Transnationalism from Below*, Transaction Publishers, 1998, pp.3~5.

정부나 정치 지도자에 의해 하루아침에 만들어지는 것은 아니다.

한국 사회가 신자유주의적 경제체제에 기반을 두고 진행하는 '국가 경쟁력'도 편협한 동화주의나 성찰 없는 글로벌 물신주의를 통해서 강화되는 것이 아니라, 실제적인 이주자 행위자가 만들어내는 문화자원을 확장함으로써 실현할 수 있는 것이다. 한국에 체류하는 이주자들은 의식주부터 시작하여 노사관계, 물품과 서비스, 미적 가치관에 이르기까지 본국과 한국의 '차이들'을 발견하고 발 빠르게 이 차이를 양국에 소개·운반·이식하는 문화 중개자가 된다. 이주자는 물질적/비물질적인 초국적 흐름을 만들어내면서 자신의 이익을 극대화하려고 노력하지만, 동시에 '한국적인 것'을 고향 마을에 퍼뜨리고, '고향의 것'을 한국의 에스닉 경관 안으로 이동시킨다. 물론 이주자들의 실천이 '아래로부터'이기 때문에 무조건 긍정적인 것으로 평가해서는 안 된다. 마이클 스미스와 루이스 구아니조가 지적했듯이, 이들에 의한 실천이나 권력의 장이 자신이나 혹은 그들보다 낮은 지위에 있는 사람들에게 항상 민주적이거나 해방적인 방식으로, 또는 부를 재분배하는 방향으로 가지는 않기 때문이다. 그러나 다문화주의 정책이 구체적으로 집행되기 위해서는 이제까지 비가시화되고 사회적 인정을 받지 못했던 이주자의 생활양식이나 자조 공동체의 힘을 제대로 파악하는 것에서부터 시작해야 한다. 이를 통해 다양한 국가에서 온 이주자들이 만들어내는 상호 열린 교류가 한국 사회를 풍요롭고 창의적인 공간으로 변화시키고 있음을 이해할 수 있게 된다.

앞에서 살펴봤듯이, 한국-베트남 국제결혼 가족의 구성원들은 상호 방문과 지속적인 교류를 통해 신자유주의 경제체제로 인해 위기에 처한 한국과 베트남 두 가족의 생존과 안정성을 도모하려 애쓴다. 베트남 여성은 일방적 동화가 아닌, 본국의 가족과 한국에서 만든 새로운 가족 간의 문화적·경제적·사회적 연결성을 만들어내는 데 기여한다는 생각을 가질 때 비로소 한국 사회에 대한 심리적 소속감을 갖게 된다. 마찬가지로 이주자가 한국 사회에 귀속감을 갖고 잘 통합된다는 것은, 역설적이게도 자신의 본래 이주 목적을 현실화하면서 두 국가의 사회적 재생산 위기를 통합적으로 해결해가고 있다는 느낌을 가질 때이다. 생활세계의 영역, 즉 '아래로부터의 다문화주의'는 한국인들로 하여금 사소한 일상의 실천에서부터 구조적 문제에 대한 인식을 만들어낸다. 필리핀인 아내를 둔 박준규 씨는 일종의 '다문화 달력'을 만드는데, 필리핀 사람인 아내에게 중요한 날과 장인·장모와 형제자매의 생일, 국가기념일 등을 한국 달력에 함께 적어놓고 가족 개념을 확장해나갔다. 베트남 여성을 아내로 둔 송광우 씨는 남편들의 자조 모임에 참석한 이후, 출입국관리소의 서류와 절차가 복잡한 한국어로 된 점과 외국인에 대한 무시와 냉대가 만연해 있다는 점을 비판하고, 결혼이주 여성을 위한 이중 국적 허용을 건의했다. 조선족 이주노동자는 고향, 집, 민족, 국가라는 시원적 개념의 경계를 교란시키면서 남·북한, 중국, 전 세계로 초국적 이주망을 복잡하게 연결해간다. 가구공단의 미등록 이주노동자는 삶의 불안정성을 상쇄하기 위해 다양한 문화 이벤트를 기획하고 공동체적 연대를 만들어낸다.

이주자를 단지 싼 임금을 제공하는 노동력으로만 바라보면, 이들의 구체적인 일상이 어떻게 구성되는지, 이들은 어떻게 살림을 하는지, 외로움과 고립감을 어떻게 극복하는지 등 인간에 대한 가장 기본적인 질문조차 하지 않게 된다. 도구적인 관점으로 이주자를 보게 되면, 그는 더 이상 인간이 아니고 '사물'처럼 고착된 존재가 된다. 우리는 이제까지 국가의 시선에서, 자본의 이해관계로 이주자를 보는 것에 익숙했다. 그러나 동시대를 살아가는 존재로 이주자를 바라보면 우리가 향후 그들과 어떻게 관계를 맺어야 할지를 이해하게 된다. 이것이 '아래로부터의 다문화주의'의 시선이다.

상호 영향과 사회 통합

이주자의 사회 통합은 정의하거나 설명하기 매우 어려운 개념이지만, 흔히 이주자를 주류 문화에 적극적으로 참여시키거나 동화시켜 소외나 사회적 불안 등과 같은 갈등 상황을 줄여나가는 것을 의미한다. 다문화 담론이 순혈주의에 익숙한 한국인에게 종족과 인종, 언어가 다른 사람과 어떻게 공존할 수 있을 것인가를 고민하는 계기를 마련해주는 것은 사실이다. 그러나 한국의 다문화 담론은 한국인 선주민과 이주민 간의 분리나 위계를 전제하고 이주민에게 영향력을 행사하여 이들을 주류 문화, 즉 한국 문화와 관습에 동화시키거나 아예 사회적 통합 대상에서 배제한다. 이는 적응과 변화에 대한 모든 부담을 이주자에게만 부여하고 정작 선주민은 문화적 차이를 용납하지 않겠다는 모델이다. 이경우 이주 여성이나 이주노동자에게 선의의 감정을 품은 한국인조차도 이들을 주변인의 지위, 희생자 또는 약자의 지위에 놓고 관계를 시작하기 때문에 상호 영향을 끼치는 평등한 관계로 전환되기가 쉽지 않다.

따라서 진정한 통합 개념은 이주자가 정착 과정에서 주류 문화에 영향을 받는 것처럼, 선주민도 이주자와의 상호 작용을 통해 영향을 받는 것을 인정하는 개념이다.[*] 이 과정에서 새롭게 만들어지고 발전하는 사회적 관계와 문화적 형태에 주목하는 것이 다문화주의적인 접근일 것이다. 이러한 관점으로 한국 사회를 고찰할 때, 이주자가 일방적으로 한국 사회로부터 영향을 받아 적응해야 하는 것이 아니라, 한국인 역시 다양한 국가 출신의 이주자에게 영향을 받아 자신의 편협한 국민국가 정체성에서 벗어나야 한다. 동시대의 한국이라는 동일한 공간에 거주하는 다양하고 이질적인 존재 간의 교류와 공생을 통해 각자의 편협하고 완고했던 정체성을 재규정해가는 과정이 다문화 사회의 정치이다. 진정한 다문화 정책은 이주민과 선주민이 구조적(노동시장, 교육 및 훈련, 주택, 사회적 서비스 제공 등) 차원과 문화적(공식·비공식 형태의 문화적 참여, 수용, 교환) 차원에서 어떻게 참여하고 어떤 영향을 주고받는지, 그리고 이주민이 특정 영역에 참여하지 못한다고 하면 그 원인이 무엇인지 분석하고 그에 따른 제도나 정책을 만들어내는 것이다.

이주자의 사회 통합을 단순하게 주류 문화로의 동화나 수렴으로 이해하여 정책을 수립한다면, 이주자의 진정한 사회 참여를 이끌어낼 수 없다. 이는 저소득층 지원 정책으로 대표되는 이주자 통합 정책이 사실은 이주자를 '낮은 수준'의 복지 혜택의 수혜자로 만들면서 오히려 이주자의 지속적인 실업 상황을 야기하는 것을 의미한다. 정부가 '선의'를

● Patrick Ireland, *Becoming Europe: Immigration, Integration, and the Welfare State*, Pittsburgh: University of Pittsburgh Press, 2004, pp.15~18; Ruth Lister, et al., *Gendering Citizenship in Western Europe*, Bristol: The Policy Press, 2007.

강조하면서 이주자를 사회의 주변부로 간주하고 정책을 펴나가는 한 이주자의 사회 참여 방식과 범주는 한정되기 마련이다. 이런 점에서 다문화 가족이 '취약 계층'과 동일시되고, 정치인의 각종 자선행사나 기업의 사회적 책임 활동, 지역사회의 지역민 봉사활동에 단골로 초대되어 지원 대상으로 고착화되면서 이들에 대한 '사회적 낙인'이 만들어지기도 한다. 다문화 가족 아이들은 '다문화 아동', '다문화 청소년', '다문화 장병'으로 불리면서 자신의 일생을 관장하는 '다문화'라는 범주의 무게를 견뎌나가야 한다. 그런 점에서 '다문화'라는 특정적인 호명은 결혼이주 여성과 아이들을 자율적이고 자유로운 존재로 보지 않는다는 점에서 '차별'적인 측면이 있다.

경제적·문화적 위상을 뽐내고 있는 '글로벌 한국'에서 이주자가 제3세계의 역할을 담당하고 있지는 않은지 생각해보아야 한다. 즉 다문화 가족과 다양한 이주자의 존재가 다문화적인 현상이나 다문화주의를 촉발하기보다는 '제1세계 안의 제3세계'처럼 한국 사회 내부의 인종적·계층적 위계화를 구성하는 데 이용된다는 비판이 바로 그것이다.[*]

'다문화 사회'라는 말이 범람하고 있지만, 아직 한국 사회는 정치적 영역에서 이주자에 대한 법적·문화적 차별을 전면적으로 개선하려는 정책적 지향을 갖고 있는 다문화주의 국가가 아니다. 오히려 다양한 문화적 배경과 열망을 가진 이주자를 영구적인 사회적 소수자로 동질화시키려는 경향이 강하다.

문화 간의 상호 인정과 존중이라는 다문화주의의 이상은 구체적인

● 한준희, 「세계체계 시각에서 본 국제결혼의 위계적 공간구조화」, 고려대학교 사회학과 석사학위 논문, 2009, 44쪽.

다문화 정책이나 제도적 뒷받침 없이는 실현될 수 없다. 다문화주의 정책은 '한국 국민이 누구이며, 시민의 권리가 무엇인가'라는 질문으로부터 '아이들에게 어떤 교육을 제공해야 하는가'에 이르기까지 총체적이고 전면적인 문제다. 다문화주의 정책은 일상·노동·정치·교육·문화·미디어 등 전 영역에 걸쳐 발생하는 차별과 편견을 해소하기 위한 급진적인 사고의 전환을 요구한다. 성급하고 선언적인 다문화주의는 오히려 그 공허함 때문에 한국 내 이주자와 시민들의 지지를 받을 수 없다. 결혼이주자와 이주노동자의 관리 정책이나 축제성 다문화주의의 한계를 인식하고, 글로벌 시민권 개념에 기반을 둔 이주자의 사회 통합에 대한 비전을 제시해야 한다.

이주자 권리는 왜 '우리'의 문제인가

누가 이주 문제를 이용하는가

내가 용인에서 일할 때 한국인 노동자들은 원래 한 사람당 2,000개의 칩을 점검해야 했다. 하지만 필리핀 노동자들이 들어온 이후 4,000개로 늘어났다. 이제 그들은 이주노동자들과 경쟁을 해야 하고, 이주노동자들이 해내는 일을 해야 한다는 압박을 받고 있다. 이주노동자들에게 일어난 일이 자신에게 영향을 끼치지 않을 것이라 생각했지만, 오히려 그들도 노동 환경의 악화로 고통을 받게 된 것이다. 다른 사람들에 대한 억압이 자신에게 직접적인 피해를 주지 않는다고 방관하고 있다면, 다시 한번 돌아봐야 한다. 결국 어떤 식으로든 당신의 삶에 영향을 끼칠 것이기 때문이다.•

필리핀 이주노동자인 미셸(실명) 전 이주노조위원장은 이주노동 운동이 이주자의 노동권을 확보하는 것뿐만 아니라, 궁극적으로 모든 노동

• 장서연, 「트랜스젠더 이주노동자 미셸 이야기」, 이주여성인권포럼, 『우리 모두 조금 낯선 사람들: 공존을 위한 다문화』, 오월의 봄, 2013, 141쪽.

자의 권리를 옹호한다는 점을 강조한다. 미셸 씨는 2006년 1월 고용허가제를 통해 울산의 한 자동차 부품 공장에 오게 되었다. 그 후 용인의 전자부품 공장으로 옮겨와 일했는데, 이곳에서 이주노동자는 한국인에 비해 두 배 이상의 노동 강도를 요구받았다. 한국인은 15초당 하나씩 2,000개의 메모리 칩을 점검했지만, 이주노동자는 매일 열두 시간씩 3초에 하나꼴로 4,000개의 메모리 칩을 점검해야 했다. 이주노동자에게 강요되는 '바닥을 치는 경쟁'을 방관했던 한국인 노동자도 결국 회사 측으로부터 그만큼의 일을 하라는 압박을 받게 되었다. 2009년 이주노조위원장으로 선출된 미셸 씨는 '성, 젠더, 종교, 국적 등 모든 종류의 차별에 대한 반차별 운동, 차별 구조에 대한 저항'을 목표로 다양한 연대 운동을 벌여나갔다. 그러나 노조 활동 자체를 못마땅하게 여겼던 한국 정부는 미셸 위원장이 실제로 일하지 않으면서 허위로 사업장 변경 신고를 신청했다는 이유로 비자를 취소하고 출국 명령을 내렸다. 2012년 미셸 씨는 한국 정부를 대상으로 소송을 제기하던 중 할머니의 병 간호를 위해 잠시 필리핀으로 출국했다. 그 후 미셸 씨는 공항에서 한국 입국을 거부당해 한국에 다시 돌아오지 못했다.

미셸 씨의 이야기는 '한국 사회에서 이주자는 어떤 존재인가'라는 질문을 하게 한다. 이주자 운동이 한국 사회에서 왜 필요한지, 누가 이 운동을 통해 이익을 얻게 되는지, 궁극적으로 이 운동이 이주자뿐 아니라 선주민의 민주주의 역량을 어떻게 강화해주는지에 관한 것이다. 그러나 아직도 이주자의 기여와 공헌은 '값싼 노동력'이라는 도구적 관점으로만 평가되고, 여전히 이주자는 '국익에 위배되는' 잠재적 위협인물로 규정된다. 경제 위기와 높은 실업률의 원인을 이주자 탓으로 돌리고,

외국인 혐오를 부추기거나 '불법' 이주자로 범주화하여 인간에 대한 착취를 영속시키는 자본과 국가의 모습은 매우 익숙한 광경이다. 선주민과 이주자, 국민과 비국민이 민주주의의 정치적 기획에 함께 참여하여 확장적 시민권을 구성해가는 것이 왜 어려운 일인가? 우월적 지위에서 나오는 시혜가 아닌, 상호 평등한 참조 대상으로 이주자와 교류하는 것은 어째서 힘든 일인가? 이 장에서는 '이주의 시대' 이후 가속화되는 이주의 '정치화' 현상에 대해 다루려고 한다.

이주의 정치화 현상은 신자유주의 경제질서 이후 가중되는 경제·사회적 추락에 대한 국민의 불만과 불안을 자국 내 타민족과 외국인에게 전가하여 이주 문제를 정치적 문제로 만들어내는 상황을 말한다. 초국적 자본은 확장적 팽창을 계속하지만, 신자유주의로 인한 '사회적 퇴행'으로 대다수의 국민은 빈곤해지고 지속적 불안을 경험하게 되는데, 이에 따라 이주자의 삶 역시 더욱더 불안해지고 있다. 국민의 불안을 '반이주자 정서'로 추동해내는 우파 보수주의 정권의 득세는 이주의 정치화를 가속화한다. 통치가 되지 않을 때 가장 쉽게 활용하는 전략이 이주자 문제를 '정치화'하는 것이다. 최근 유럽 및 북미에서 생겨나는 반이주자, 반무슬림 정서의 확산이나 다문화주의 정책의 종식 선언 또한 이주 문제를 극단적으로 정치화시켜 복잡한 사회경제적 갈등을 봉합하려는 것이다. 반이주자 정서가 확산되는 한국의 현실에서 이주자와의 공존이 어떤 이유로 민주주의 기획에서 필수적인 요소이며, 이 기획을 구성하는 관점은 무엇이 있는지를 고민해보고자 한다.

유럽의 요새화 전략과 정치적 퇴행

수단 출신 난민 신청자인 라티프 아하메드(실명) 씨는 2013년 7월에 한국에 왔다. 그는 이슬람 국가인 수단에서 기독교로 개종한 종교 소수자로 종교전향서 서명을 거부한 뒤 위협을 피해 망명의 길을 떠났다. 아프리카 난민 신청자의 제1의 목적국가는 여전히 유럽이지만, 그는 '완벽하게 생소한' 한국을 찾아왔다. 아프리카 출신 이주자는 주로 영국, 프랑스, 독일 등의 서유럽 국가로 이주하는데, 1990년 이후 유럽 국가들이 반난민, 반이주 정책으로 선회하면서 이주자들의 입국을 엄격하게 제한하고 있다. 대규모의 이주자를 양산하는 글로벌 기업의 자원 약탈 및 환경 파괴, 제3세계의 종족 분쟁과 군부독재 등의 근본 원인은 유럽 제국주의의 식민 지배와 초국적 자본의 유입에 있는데, 이로 인한 피해는 고스란히 개인의 몫으로 전가된다. 역사적으로 이주자와 난민을 양산하는 데 원인을 제공했던 유럽 국가들이 이주자에 대한 인도주의적 관점을 철회하고 있는 데다, 9·11사건 이후 반이슬람 정서가 확산되면서 유럽의 이슬람계 이민자에 대한 적대감도 점차 심각해지고 있다.

서유럽의 '환영받지 못하는' 또 다른 이주자로는 동유럽 출신의 경제 이주자가 있다. 동유럽권 사회주의가 붕괴하고 냉전이 종식되면서 1990년대 이후 전 세계는 신자유주의 경제 이데올로기에 의해 하나의 시장으로 빠르게 통합되어갔다. 시장경제로의 갑작스러운 전환을 경험한 전통적 사회주의 국가의 시민들은 이주노동을 통해 이 급격한 위기를 이겨내고 변화에 적응하려 했다. 최근 동유럽 출신 이주자가 서유럽

수단 출신 난민 신청자 라티프 아하메드 씨는 하루에 한 단어로 자신의 삶을 스토리텔링하고 있다. 그의 글씨는 2013년 12월 16일부터 2014년 2월 16일까지 테이크아웃드로잉에서 전시되었다.

지역에 급증하면서 반이주자 정서가 확산되고 있고, 이주 문제는 경제 문제가 아닌 정치나 안보 문제로 취급된다. 심지어 '원치 않는 이주자' 가 누구인지에 대한 노골적 적대감이 미디어와 정치 담론을 통해 공공 연히 표출되기도 한다.

아프리카와 동유럽 이주자 문제에 대처하기 위해 서유럽 국가가 선택한 정책은 '유럽의 요새화' 전략이다. 국경을 봉쇄해 이주자 유입을 애초에 차단하는 것이다. 아이러니하게도 2003년 유럽공동체EU가 설립된 이후 유럽인은 자유롭게 국경을 넘어 노동할 수 있는 권리를 보장받았지만, 이주자에게는 물샐 틈 없는 방어벽을 통한 '이동 차단'이 해법으로 등장했다. 요새화 전략은 전통적인 정착형 이주 제도나 인도주의적 조치에서 벗어나 '이주 관리'를 국가의 경제·정치·안보 분야의 정책 목표로 설정할 것을 주장한다. 복지 정책과 사회민주주의로 유명했던 유럽이 반이주 정책을 추진하게 된 것은 신자유주의 경제질서의 확산과 우파 정당의 정치 선전이 그 요인으로 작용했다. 경제 성장 둔화와 높은 실업률을 경험하고 있는 유럽 국가의 우파 정치인은 '이주자=복지 도둑'이라는 등식을 전파하면서, 국민의 삶을 개선하려는 실질적이고 장기적인 정치적 노력을 포기한 채 감정과 정서를 동원하는 적대 정치를 현실화하고 있다.

요새화 정책의 가장 큰 피해자는 이주자일 수밖에 없다. 1993년 이후 유럽의 '요새'로 진입하거나 단속과 추방 과정에서 사망한 이주자는 1만 7,306명에 이른다.[*] 유럽의 요새화 전략은 이미 유럽에 정착한 이주자에게도 피해를 주고 있다. 프랑스 마그레브 이주자 2세대의 공공기관 방화 사건은 일자리와 기초생활 지원에서 지속적으로 배제되어온 청년 이주자들의 불만이 폭발한 것이다. 그러나 미디어는 이 사건에 대한 근원적인 탐색이나 질문은 삭제한 채 이주자의 '잠재적 위협'과 '폭동 가능성'만을 부각하는 방식으로 보도했다. 무엇이 원인이고 결과인지에 대한 인과적 질문을 포기한 사회적 분위기에서 이주자는 사회·경제·안보 불안의 원인으로 지목된다. 이들에 대한 공격과 비난은 이주자가 처한 취약한 지위 때문에 대응이나 저항을 적극적으로 하지 못한다는 점을 이용해서 수위를 높여간다.

유럽의 요새화 전략은 유럽을 구성해온 다양한 배경의 시민들이 피흘려 이룩한 민주주의와 인권, 시민권의 개념을 약화시키고, 그 자리에 인종 혐오, 유럽 내부의 위계화, 정치의 퇴행 현상을 가져왔다. 이런 변

---

[*] 유럽의 시민단체 UNITED의 보고서에서 인용. www.unitedagainstracism.org

인종 차별과 반이주 정책에 대항하는 유럽의 시민단체 UNITED의 활동 포스터.

화의 피해자는 이주자뿐 아니라 유럽의 시민이다. 유럽식 사회민주주의
를 성취했다는 유럽인의 자부심은 반이주 정책에 의한 노동권의 전면적
약화와 적대 정치로 인한 사회적 갈등으로 크게 손상을 입고 있다. 요새
화 전략으로 이익을 얻는 이들은 누구인가?

반이주 정책과 '호의적' 방관이라는 모순*

1990년대 이후 유럽에 번지고 있는 요새화 패러다임과 함께 미국 역시
반이주 정책을 추구하고 있다. 문제는 국경 봉쇄를 강력하게 추진하는
이들 나라에서 '불법' 이주자가 지속적으로 증가한다는 점이다. 필립 마

● 이 부분의 내용은 김현미, 「국경을 넘는 노동자들과 이주 통행세」, 『친밀한 적』, 이후, 2010, 87~90쪽
에서 일부 인용했다.

220

1990년대 이후 유럽은 '요새화 전략'이라는 반이주 정책을 시행하고 있다. 영국 옥스퍼드 캠스필드 이주자 구금센터의 철조망에 내건 시위 현수막.

틴은 멕시코 출신의 미등록 이주노동자가 미국 내에 급증하는 것은 미국 정부의 '호의적 방관' 정책의 결과라고 주장한다.[•] 엄격한 국경 통제와 반이주 정책을 실시하고는 있지만, 미국 정부는 미등록 이주노동자의 유입을 암묵적으로 받아들여왔는데, 이는 싼 임금을 통해 기업 경쟁력을 높이려는 미국 고용주들의 요구를 수용했기 때문이다. 경쟁적인 신자유주의 시장체제에서 고용주에게는 더 낮은 임금과 열악한 노동 조건을 수용할 수 있는 '유연한' 노동력이 필요했다. 그렇기 때문에 역설적이게도 제한적인 이주 정책은 '불법' 또는 '미등록'이라는 처지 때문에 노동권을 주장할 수 없는 미등록 이주노동자를 양산했다. 결국 정

• Philip L. Martin, *Promises to Keep: Collective Bargaining in California Agriculture*, Iowa State Press, 1996.

영국의 한 이주자인권단체가 옥스퍼드 캠스필드 이주자 구금센터에 억류 중인 이주자를 석방하고 구금센터를 폐쇄할 것을 주장하는 시위를 벌이고 있다.

치적으로는 반이주 정책을 펴지만, 뒷문으로는 미등록 이주노동자의 유입을 방관하여 고용주에게 호의적인 입장을 취하는 이중 전략을 구사한 것이다.

1990년대 중반 미등록 이주노동자는 400만~500만 명으로 추정되는데, 이는 미국 역사상 가장 많은 수치다. 데이비드 하비는 1980년대 중반 이후 서구와 아시아의 경제부국에 발생한 초기 산업화 형태의 열악한 영세 사업장의 확산 현상이 제3세계의 미등록 이주노동자가 유입되어 고용된 결과라고 주장한다.* 그리하여 이제는 자본이 국경을 넘어 이동할 필요도 없이 자국 내에서 하청을 통해 섬유, 의류, 장난감 등을 싼값에 만들어낼 수 있다. 그리고 킴 무디가 지적한 대로, 대규모로 현

● 데이비드 하비, 구동회·박영민 옮김, 『포스트모더니티의 조건』, 한울, 1994, 190~192쪽.

금 작물을 재배하는 미국의 농업회사들은 지역 내 멕시코인과 등록된 멕시코계 이민자 대신 멕시코계 불법 이주노동자를 적극 찾아나섰다.[•] 그들이 더 고분고분하고 임금이 싸다고 생각했기 때문이다. 결국 복지와 사회 통합 비용을 쓰지 않겠다는 명분으로 정착형 이주자를 줄이고 미등록 이주자를 양산하게 되면, 이주자와 선주민 모두 더 열악하고 취약한 노동 환경을 강요당하게 되는 것이다. 실제로 미국 의류업체들의 연합인 AAMA는 세계무역기구가 규정한 노동·환경 기준을 받아들이지 않았다. 현재 이 분야에 고용된 미국 내 노동자는 임금 면에서 제3세계의 동일 분야에 고용된 노동자와 비교해 '경쟁력'을 갖출 수 있을 정도의 싼 임금으로 일하고 있다.

미국이 신자유주의적 개혁에 성공한 이유는 공식적으로 표명한 엄격한 이주 제한 정책과 암묵적으로 허용한 미등록 이주노동자의 유입 사이의 간극을 잘 관리했기 때문이다. 즉 이주자의 인권과 노동권에 대한 인식을 과거의 기준으로 낙후시키면서 노동 유연화를 이루어낸 덕분이다. 1990년대에 미등록 이주노동자가 급증하면서 미국 정부는 '사회적 불안'과 '노동력 조절'이라는 명분으로 더 엄격해진 수정이민법을 제정했다. 그러나 미등록 이주노동자가 제공하는 저임금의 숙련 노동 없이는 사회가 지속할 수 없다는 점 때문에, 최근 사면제도를 활용하여 일부 미등록 이주노동자의 체류 자격을 합법화했다. 이주노동자는 수용국의 예측할 수 없는 이주 정책과 인종차별주의의 부상으로 여전히 불안한 지위에서 살아가고 있으며, '불법 이주자'라는 낙인 때문에 노동

● 킴 무디, 사회진보를 위한 민주연대 옮김, 『신자유주의와 세계의 노동자』, 문화과학사, 1999, 231~294쪽.

권 문제를 제기할 수조차 없다. 이주자에 대한 모순적인 정책을 방관함으로써 이주자를 예측하기 어려운 정치 선동의 희생자로 만들면서 이익을 얻는 자들은 누구인가?

이주자는 어떻게 관리의 대상이 되었는가

인간을 '인적 자본'으로 개념화한 신자유주의적 시장경제는 이주자가 제공하는 각종 노동과 투자 및 소비력에 의지하고 있고, 이런 의존도로 인해 각국의 이주 정책 수립 과정에는 다양한 이해관계가 각축하고 있다. 누구를 어떤 조건과 목적하에 체류시킬 것인가 하는 문제는 이주 정책을 더욱 선별적으로 만들거나, 아니면 폭넓은 개방정책으로 변화시키고 있다. 그러나 많은 국가의 이주 정책은 방법론적 내셔널리즘을 내포하는 경향이 강하다. 방법론적 내셔널리즘이란 국민국가를 가장 자연스러운 사회적·정치적 형태로 간주하는 관점이며, 이로 인해 사회적 분석과 상상력 자체가 '영토화', '본질화'되는 상황을 의미한다.• 이러한 관점은 영토 안에 들어온 이주자의 관리와 통합에만 주목하고, 이주자를 도구적인 관점으로 바라본다. 한국의 이주 정책과 제도는 이주자의 이주 전 과정에 미치는 비인간적인 영향력을 간과한 채, 국민국가의 영역 안에 들어온 이주자의 노동력을 효율적으로 이용하고 관리하는 것을 '통합'의 의미로 협소화한다. '좋은 이주자'란 한국인의 이해관

• Andreas Wimmer·Glick Schiller, "Methodological nationalism and beyond: nation-state building, migration and the social sciences", *Global Networks*, 2.4, 2002, pp.301~334.

계가 관철되는 대상이며, 국가와 국민의 이익을 증진시키는지의 여부에 따라 정의된다. 그래서 한국의 고용허가제나 상업적 결혼 중개시스템이 국가의 경계를 넘어 다른 나라 국민들에게 행사하는 인권 침해적 요소에 대해서는 무관심하다.

최근 어떤 이주자를 유입할 것인가의 문제가 국가 경쟁력으로 이해되면서 각국은 자본, 학력, 기술과 전문성을 갖춘 '글로벌 고급 인력'을 유치하는 데 경쟁하고 있다. 이주 정책에 신자유주의 패러다임이 적극 도입되면서 '전문성과 경제적 기여도'가 이주자의 핵심적인 선별 조건이 된 것이다. 각국은 '고급 기술 인력' 유치를 통한 국가 경쟁력 강화를 위해 외국인을 선별하는 각각의 기준을 만든다. 선별 기준에는 기술 수준뿐 아니라 그 사람의 재산가치도 포함된다. 거액의 돈을 투자하면 한국 같은 반反이주 국가에서도 영주 자격을 쉽게 획득할 수 있다. 한국에서 '돈'은 영구 체류권을 보장해주는 확실한 담보물이다. 이들 고급 인력은 자신을 외국인 이주자로 생각하지 않기 때문에 다른 이주자에게 공감하려 하거나 외국인 차별 반대운동에 동참하지 않는다. 이들은 부와 기술 때문에 국경을 쉽게 이동할 수 있는 '초국적 자본가'로 개념화된다. 이에 비해 '노동력'을 제공하는 외국인은 특정 기간에만 체류하고 귀환해야 한다. 만약 기간을 넘겨 장기 체류하면 곧 '범법자'가 되어 처벌을 받는다. 이들에게 '국경'은 인격의 총체성을 규정하고 관리하는 권력이다.

한 국가의 이주 관리란 이주자를 구분하고, 이 구분에 따라 차등적인 권리와 의무를 부여함으로써 이주자를 국가 이익에 맞게 조정, 통제하는 행위가 되었다. 이주 관리의 가장 큰 목적은 국민의 도구화된 타자로서 이주자를 내부적으로 분리하는 것인데, 이로 인해 이주자 간에 위계가 만들어지고 위화감이 조성된다. 이주자는 흔히 체류 자격에 의해 이주국에서 자신이 행사할 수 있는 '권력'의 정도와 한계를 알아차린다. 예를 들어 한국 국적을 취득한 결혼이주 여성은 같은 고향에서 온 이주노동자 여성을 '힘 없는 존재'로 바라보고, 이들이 행여 장기 체류하며 '불법' 노동자가 되지 않을까 염려한다. 마찬가지로 한국인 여성과 결혼하여 국적을 취득한 방글라데시 남성은 동료 이주노동자와 갈등이 생기면 이들의 체류 자격을 문제 삼거나 경찰에 알림으로써 사적인 '정의'를 구현해낸다. 이주자는 체류 자격의 비교와 대조를 통해 자신들의 위계를 구성해가는 데 익숙해진다. 이 때문에 이주자는 국민과의 관계에서 이주자의 권리가 얼마나 제한적이며 협소한지를 알아차리지 못한다. 이주 관리에 의한 이주자 간의 위계화는 이주자 내부의 '불평등'과 '상대적 박탈감'을 강화하면서 이주자 운동의 연대 가능성을 약화시킨다. 또한 한국의 이주 정책 자체가 체계적이거나 일관적이지 않고 그때그때의 상황과 맥락에 따라 매우 자의적으로 구성되고 집행되기 때문에 이주자는 장기적인 생애 계획을 세우기 힘들다. 이주자는 파편화되고 분절적인 형태로 존재하면서 각자의 이해관계를 극대화하고 이주자의 인권과 노동권 향상을 위한 공동의 노력에 동참하지 않게 된다. 이런 위계화된 이주자 관리를 통해 이익을 얻는 자들은 누구인가?

이주자 권리는 왜 '우리'의 문제인가

최근 한국의 정치 문화와 환경이 급속하게 퇴행하고 신자유주의를 옹호하는 정치집단과 그 동조 세력이 결합하면서, 이주자와 외국인에 대한 인종 차별적 폭력이 방관되거나 양산되는 형태가 나타나고 있다. 지그문트 바우만의 표현대로 지난날의 '부재지주'처럼 권력을 갖되, 사람들의 실질적인 삶에 관여하거나 예속되지 않는 정치-자본가 세력은 '문화적 세뇌'라는 지배체제를 통해 인권, 평등, 민주, 개별성이라는 보편적 가치를 하찮은 것으로 만들고,* 대신 그 자리에 냉전 이데올로기의 공포와 글로벌 '대한민국'이라는 축제적 요소를 끼워놓는다. 정치적 공론장인 '아고라'는 사라지고, 폭로와 증오의 디지털 네트워크가 확장적 자기증식을 한다. 이때 기본적인 인권도 보장받지 못한, 박탈당한 이주자가 손쉬운 증오의 대상이 된다.

신자유주의적 자본의 질서는 불안정성, 불확정성, 불안이란 거대한 구조를 일상화하지만, 사회적인 모순과 위험을 해결할 의무와 필요를 개인적인 차원의 문제로 남긴다. 신뢰, 참여와 헌신, 협상과 조정이라는 규칙에 의해 관리되어야 할 공적 소통의 영역은 시시콜콜한 연예인 이야기나 점점 강도가 높아지는 사적인 고백과 폭로, 적대감으로 넘쳐나고, 개인은 정보의 불균형한 취사선택을 통해 정치적 책무로부터 도피하거나, 모두가 피해자라는 자기 연민의 정서를 갖는다. 동시에 '차원'과 '성격'이 다른 불평등과 반인권적 상황이 평면화되면서 운동의 우

● 지그문트 바우만, 이일수 옮김, 『액체근대』, 강, 2009.

선순위를 만들어내는 데도 어려움을 겪게 된다. 사회 문제에 천착하여 민주주의적 기획을 함께 만들어가는 공동의 커뮤니티는 고립되고, 과도한 권리의식에 사로잡힌 개인이 양산된다. 이런 상황에서 삶의 확실성과 안정성에 대한 갈망은 대다수의 한국인을 익숙하고 전형적인 '자민족 중심주의'로 회귀하게 만든다. 자민족 중심주의는 내부의 갈등을 무화하고 동질성의 신화에 의존한 인종주의의 한 표현이며, 이때 외부의 희생양을 필요로 하는 폭력을 수반하면서 강화된다. 경제적 불안감에 시달리는 일부 젊은이는 부모 세대가 고생해서 쌓은 경제적 축적을 이주자가 와서 '약탈'해간다고 표현하기도 한다. 이주자들이 폭력을 사용해서 자원을 훔쳐가는 '제국주의자'가 아닌데도 불구하고, 노동의 대가도 제대로 받지 못하는 이들에게 '약탈'이라는 표현을 쓰는 데 주저함이 없다. 이들의 사회적 공헌은 고려되지 않고, 국가나 인터넷 등에 의해 유포되는 편파적인 정보로 인해 허구적인 피해의식이 생기는 것이다. 애국심이나 국가 지키기로 포장된 반외국인, 인종주의적 담론은 무개입적, 무비판적 사회 환경에서 증폭될 수밖에 없다.

이에 덧붙여 한국의 다문화 담론은 문제의 핵심을 보지 못하게 하는 데 일조하기도 했다. 서구에서 정치철학으로 등장한 다문화주의는 국가 내부의 다양성을 관리하는 국가 차원의 규칙이자 정치적 개입이었다. 다문화주의가 국가 정책으로 채택된 배경에는 인종, 성, 계급 등의 차별을 철폐하는 인권운동의 폭발적인 대두와 요구가 있었다. 즉 다문화주의는 이런 차별을 공고화하는 모든 권력에 대한 저항과 제도적 해결이라는 의미를 내포한다. 인종이나 성 등 생물학적 차이에 기반을 둔 차별은 엄격히 규제되었고, 다문화 교육과 시민운동을 통해 의식을 변화시키려는 노력이 이루어졌다. 그러나 한국의 다문화 담론은 이주 국가로의 불안을 관리하는 제도로 등장하면서 선주민 교육이나 의식화에 무관심했다. 최초의 정착형 이주자인 결혼이주자를 한국 가족과 사회 내에 편입시키기 위해 빠른 동화를 통한 한국화라는 목적에 얽매이다 보니 다문화주의 논의는 '다문화 가족' 정책으로 환원되었고, 이 정책은 다문화 가족 전체를 '취약 계층'과 동일시하면서 영구적인 주변부 계급으로 고착화하는 문화적 폭력을 만들어냈다. 외국인 노동자를 받아들이며 그들의 일터와 삶터를 다문화적 인권, 노동권, 거주권이 관철되는 장으로 변화시키기 위한 노력은 전무했다. 국가의 문화 이데올로기로 변질된 '다문화 담론'은 이주자를 구제해야 한다는 선주민의 우월의식을 고양하는 역효과를 낳기도 했다. 우월의식은 상황과 맥락에 따라 이주자를 시혜 또는 혐오의 대상으로 바라보게 한다.

이주 문제는 국제적 기준이 없을뿐더러, 전 세계 이주자의 인권을 감시하는 국제기구도 없다. 보통 각국의 이주 정책은 이주자와 선주민 사이의 평등을 옹호하기보다는 이주자와 선주민, 이주자들 간의 위계를 강화하면서 권리 차등을 통한 통제를 목표로 하고 있다. 이주자 또한 이주지에서 이주 목적이나 체류 자격을 바꾸기도 하면서 일관된 정치적 입장을 행사하지 않는다. 따라서 이주자의 권리 확장은 제도나 국가에 의해 이루어지는 것이 아니라, 이주자와 선주민의 성찰과 정치적 윤리의 영역이 된다. 그런데 문제는 대부분의 선주민 한국인이 이주자 수가 증가하는데도 불구하고, 이들의 경험과 사회적 기여에 대해 잘 알지 못한다는 것이다.

이주자의 '위계화'와 '차별적 대우'에 문제를 못 느끼는 것은 국민국가의 국민으로서 획득한 자연스러운 권리 개념에서 기인할 수 있다. 그렇기 때문에 이주자의 권리는 이주자의 경험세계에서 도출되어야 한다. 이주자만이 스스로 획득하고자 하는 권리의 내용이 무엇인지를 정확히 말할 수 있다. 특정 권력이 어떤 측면에서 이주자의 삶을 침해하고 있는지를 이해하기 위해서는 침해당한 경험을 가진 사람들의 말을 경청해야 한다. 국민의 자격으로 한국 사회를 경험하는 방식은 이주자의 그것과 매우 다를 수밖에 없다. 거대한 법이나 제도뿐만 아니라 미세한 생활영역의 많은 부분은 '국민' 혹은 주류로 간주되는 사람을 기준으로 만들어진 역사적 산물이다. 이를 영속적이고 당연한 것으로 받아들여온 한국인은 이것이 어떻게 '배제적 권력'을 행사하는지 잘 알지 못한다. 이주자는 공항의 출입국 관리, 인터넷 접속, 휴대전화의 구매와 사용 등 일상의 영역부터 학교 입학과 진학 그리고 노동권 및 인권 구제제도 안에 깊숙이 자리 잡고 있는 국민국가적, 계급적 차별을 경험한다. 따라서 기본적인 인권의 침해가 어떻게 방치되고 유지되는지를 알기 위해서는 이주자의 경험세계를 경청해야 하는 것이다. 이 때문에 이주자 운동은 우리 사회의 민주화를 위해 필수적이다.

실제로 지난 20년간 지속되어온 이주자와 시민사회의 공동 투쟁은 한국 사회의 인권의식을 고양하고 민주주의를 확장하는 데 기여해왔다. 이주 지원 단체와 시민사회 단체는 1996년부터 '현대판 노예제'로 불린 산업연수생제도 폐지 운동을 벌여나가 마침내 제도의 폐지를 성사시켰다. 미등록 이주노동자라는 이름으로 노동권 자체를 부정당했던 수십만의 외국인이 지속적인 농성과 시위를 통해 1997년 8월 대법원으로부터 "미등록 노동자도 근로기준법 규정에 따라 퇴직금을 지급받아야 한다"라는 판례를 이끌었고, 한 해 뒤인 1998년 10월에 노동부로부터 "미등록 노동자에게 근로기준법을 적용하겠다"라는 발표를 이끌어 냈다.[•] 물론 법이 항상 현실화되는 것은 아니다.

2002년 법무부가 불법 체류 외국인이라도 자진 등록을 하면 일시적으로 추방을 유예하는 임시 조치를 발표하자, 등록하면 당장 쫓겨날 걱정은 덜게 된 이주노동자들은 '권리 찾기' 운동에 참여했다. 2003년 11월 15일, 전국적으로 2,000여 명에 달하는 이주노동자와 중국 동포가 단속을 중단하고 미등록 이주노동자를 합법화하라고 요구하며 농성에 들어갔다. 이런 운동의 결과로 고용허가제와 방문취업제라는 전보다는 선진화된 제도가 도입되었다. 최근 미등록 이주 아동의 교육권 침해에 대한 문제가 제기되었는데, 그 결과 이들은 고등학교까지의 교육을 받을 수 있게 되었다. 아시아 시민을 '임시적으로 쓰고 버리는' 인력으로 간주했던 고약한 기업주의 나라였던 한국 사회가 이주자 운동을 통해 인권과 노동권의 개념을 학습하게 된 것이다.

선주민 국민은 이주자에 대해 무조건 관대하거나 그들을 옹호해야 하는 것이 아니라, 시민사회의 일원으로서 이주민과 좀 더 호의적이고 평등한 관계를 맺을 수 있다. 유입국가의 민주주의적 성숙도에 따라, 그리고 시민사회의 역량에 따라 선주민과 이주민 간의 관계는 좀 더 '공정'해질 수 있다. 즉 유입국 시민이 민주주의적 열망을 얼마나 가졌는지, 유입국의 시민사회가 정의와 평등에 대한 정치적 감각을 얼마나 가졌는지, 국민이 누리는 기본적인 권리와 복지 혜택을 이주자와 나눌

● 이란주, 『아빠, 제발 잡히지 마: 끝나지 않은 이야기, 이주노동자들의 삶의 기록』, 삶이보이는창, 2009, 57쪽.

용의가 있는지에 따라 상황은 매우 달라진다.

모든 국민이 표현의 자유와 이동의 자유를 누리고 일할 권리와 교육 받을 권리를 향유한 경험이 있는 사회는 이런 경험을 이주자와 공유해야 된다는 신념을 갖게 된다. 이주자도 욕망을 가진 인간이고, 나도 언제, 어디에서 이주자가 될지 알 수 없기 때문이다. 대부분의 민주주의 국가에서는 국민과 외국인 사이 또는 외국인과 외국인 사이의 위계화를 통해 '권리'를 차등적으로 부여하지만, 이런 구분 없이 모든 사람에게 제공되는 기본적 권리가 있게 마련이다. 보편적으로 제공되는 인간으로서의 권리와 거주민으로서의 권리가 있기 때문에, 이주자라고 하더라도 사회적 생존과 계층적 상승 이동을 할 수 있어야 한다. 국내 상황이 좋을 때는 '시혜'를 베풀듯이 국민이 누리는 혜택을 일부 이주자에게 허용하다가 정치경제적 상황이 나빠지면 그 위기의 원인을 이주자에게 전가하는 것은 이들을 우리와 평등한 존재로 바라보지 않기 때문이다. '권리'는 시혜와는 다른 차원의 정치적 의미를 갖는다. 권리는 누가 누구에게 부여하는 것이 아니라, '누구라도 자격이 된다'고 간주하는 일련의 행위들이다. 이주자도 국민처럼 기본적 권리에 차별 없이 접근할 수 있어야 한다. 이 '권리'는 국민이 수행하는 다양한 의무 및 권리와 조금 다를 수는 있지만, 인간의 사회적 생존을 가능하게 하는 보편적 기본권이라는 점에서는 국민과 이주자 모두 동등하게 누릴 수 있는 것이다.

민주주의 국가는 국민의 권리뿐만 아니라 비국민의 권리도 인정한다. 비국민의 권리 개념을 확장하는 일이 곧 민주주의를 확장하는 한 방법이다. 전 이주노조위원장 미셸 씨의 지적처럼, 국민을 포함한 모든 시민이 신자유주의 경제체제의 위기를 극복하기 위해서는 '바닥을 치는 경쟁'으로 내몰리는 이주자와 국민이 모두 구조적 희생자임을 이해해야 한다. 국민과 이주자는 사법적으로는 차별적 범주에 속하지만, 자신의 비인간적인 삶의 조건을 개선하기 위해 싸우는 인권과 민주주의의 향유자로서는 동등한 자격을 지닌다.

우리는 모두 집을 떠난다

닐 스태머스가 지적하듯이, 이주자의 권리 문제는 종종 인권의 차원에서 다루어진다.* 그러나 인권 문제는 추상적인 사유에 머무르거나 정의를 관장하는 일차적인 행위자로서 국가에 많은 기대를 걸게 된다. 즉 국가가 이들에게 무엇을 제공해야 하고, 제공해줄 수 있는지에 대한 논의와 아울러, 이를 법이나 정책 측면에서 어떻게 실현할 수 있는지에 집중하는 것이다. 물론 국가는 중요한 행위자지만, 절대적으로 모든 권위를 가진 존재는 아니다. 중앙정부 또는 국가의 역할에 과도하게 기대하다보면, 정작 이주자가 자신들의 실제적인 삶에서 구체적으로 요구하는 것이 무엇인지를 간과하게 된다. 그래서 이주자 문제에는 국가의 법보다 사람들 간의 감정, 즉 공감 능력과 상호 영향력에 대한 긍정적 인식이 먼저 필요하다. 이주자를 함께 사는 주민으로 받아들인다는 것은 선주민에게는 새로운 문화 능력을 요구하는 행위다. 이들을 순종

• Neil Stammers, *Human Rights and Social Movements*, Pluto Press, 2009.

경기도의 한 가구공단에 그려진 벽화.　　　　　　　　　　　　　　　© 성유숙

적이고 싼 임금을 제공하는 노동력으로만 바라보는 관점에서 벗어나려
는 인식의 변화가 있어야 한다. 우리는 이제까지 국가의 시선에서, 자
본의 이해관계로 이주자를 보는 것에 익숙했다. 그러나 동시대를 살아
가는 존재로 이주자를 바라보게 되면 우리가 향후 그들과 어떻게 관계
를 맺어야 할지 이해하게 된다. 이주자는 어려운 이주를 결정하고 실행
한 만큼 모험심이 강한 사람들이다. 우리는 모두 생애의 한순간 임시적
이거나 장기적으로 이주자가 되어본 경험이 있을 것이다. 굳이 해외에
나가지 않더라도 학업과 취업을 위해 타 지역으로 이주할 때 어떤 감정
을 가졌는지, 어떤 각오와 결심을 했는지를 되돌아보면 우리 안에 들어
온 이주자가 낯선 타자가 아님을 알게 된다. 우리는 모두 집을 떠난다.
집에서 누리는 것만큼의 편안함은 아니더라도, 어디에서든 선의의 행
동능력을 발휘할 수 있는 사회적 조건을 만들어내는 것이 중요하다.
　　이주자는 일터와 삶터의 '불안정한 삶의 조건'에 맞서기 위해 바쁘게

생활한다. 이들은 국가별·지역별·종교별 공동체를 만들고, 스포츠 경기와 축제를 즐기며, 연애를 하고 가족을 구성한다. 알뜰하게 돈을 모아 고향에 있는 가족의 삶까지 변화시키기도 한다. 그들은 또한 주 6일의 힘든 노동을 제대로 버텨내기 위해 운동을 하고 잘 차려 먹는다. '외국인', '미등록', '불법'이라는 표지를 떼어내고 그들의 삶을 들여다보면 그들과 내 삶이 별로 다르지 않다는 것을 알게 된다. '공존의 관계적 윤리'는 단순한 것이다. 우리는 국가도 아니고 경찰도 아니다. 신자유주의적 경제질서가 만들어내는 심화된 불평등에 맞서 싸우며 소박한 일상을 유지하고자 애쓰는 한 명의 시민일 뿐이다. 함께 살아가는 시민으로서 이주자에게 적대적일 이유는 전혀 없다. 이주자도 우리와 마찬가지로 특정 지역에 거주하고 노동하며 소비하는 활동을 통해 지역의 생산과 재생산 과정에 참여하는 구성원이다. 이주자는 한국 지역사회의 일원으로서 지역의 음식, 언어, 생활방식을 익히고 경험하는 사람들이다. 그리고 다양한 삶의 관점과 생활양식을 운반해옴으로써, 신자유주의적 경쟁체제 안에 함몰되어 삶의 위기와 모순을 해결하지 못하고 있는 한국 사회에 문제 해결을 위한 사회적 영감을 제공해준다. 따라서 이주자와 기본 권리를 함께 누리는 것은 국민으로서의 권리 일부를 외국인에게 빼앗기는 것이 아니다. 이주자의 거주권과 시민권을 보장하는 것은 자유와 평등이라는 민주주의의 경험을 좀 더 통합적이고 포괄적으로 확장하는 일이다.

국가가 법의 영역에서 특정 이주자를 포섭하고 다른 이주자를 배제하는 권력을 집행하는 주체인 반면, 시민사회는 이런 권력의 장에서 배제되는 사람이나 피해 입는 사람을 시민사회 영역 안으로 초대하는 주체가 될 수 있다. 실제로 시민단체, 학교, 종교단체, 문화계 등 한국의 시민사회는 이주민의 사회적 생존을 가로막는 인종주의나 불평등한 법과 제도에 맞서 싸워왔다. 이들이 이주자의 권리를 옹호하는 것은 외국인에 대한 연민이나 동정 때문이 아니라, 이것이 한국 사회의 공적 영역을 좀 더 평등하고 공정하게 만드는 길이라는 점을 알고 있기 때문이다. 다문화적 시민의식은, 우리가 얼마나 한국인의 집단적 정체성을 표방하는 사람인가가 아니라, 동시대에 비슷한 삶의 열망을 갖고 사는 내 옆의 이주자와 얼마나 공정한 관계를 맺을 것인가를 사유하는 능력에 따라 만들어나갈 수 있다. 이런 문화적 사유 능력은 우리에게 익숙했던 정체성과 이와 관련된 전제들을 낯설게 보고, 양육자, 노동자, 문화 번역자, 활동가, 기업인, 친구, 요리사, 축제 주관자 등의 다중적 행위자로 이들과 관계를 맺게 해준다.

다시 말하지만, 이주자와 기본적 권리를 함께 누리고 유지해가는 것은 국민으로서의 권리를 포기하거나 권리의 일부를 외국인에게 빼앗기는 것이 아니다. 신자유주의의 혹독한 착취 속에서도 민주주의를 지켜나가기 위해서는 인권과 시민권 개념을 좀 더 통합적이고 포괄적으로 확장해가야 한다. 우리는 모두 언젠가, 어떤 식으로든 집을 떠난다.